나는 고집한다, 고로 존재한다

SERICEO 실전경영 02

나는 고집한다, 고로 존재한다
세계 최강이 된 기업들의 명품경영

2011년 3월 1일 초판 1쇄 발행
2012년 8월 3일 초판 5쇄 발행

엮 은 이 | 삼성경제연구소
펴 낸 곳 | 삼성경제연구소
펴 낸 이 | 정기영
출판등록 | 제302-1991-000066호
등록일자 | 1991년 10월 12일
주　　소 | 서울시 서초구 서초2동 1321-15 삼성생명 서초타워 30층
　　　　　전화 3780-8153(기획), 3780-8084(마케팅)
　　　　　팩스 3780-8152
　　　　　이메일 seribook@seri.org

ⓒ 삼성경제연구소 2011
ISBN | 978-89-7633-430-5 03320

- 이 책은 저작권법에 따라 보호받는 저작물이므로 무단전재와 무단복제를 금지하며,
  이 책 내용의 전부 또는 일부를 이용하려면 반드시 저작권자의 서면동의를 받아야 합니다.

- 가격은 뒤표지에 있습니다.
- 잘못된 책은 바꾸어 드립니다.

삼성경제연구소 도서정보는 이렇게도 보실 수 있습니다.
홈페이지(http://www.seri.org) → SERI 북 → SERI가 만든 책

SERICEO 실전경영 02

나는 고집한다, 고로 존재한다
세계 최강이 된 기업들의 명품경영

삼성경제연구소 엮음

삼성경제연구소

SERICEO 실전경영을 발간하며

　삼성경제연구소에서 경영자를 위한 동영상 지식서비스인 SERICEO를 시작한 지 벌써 10년을 맞이했다. 바쁜 일과를 보내는 경영자를 대상으로 한 것이기에 꼭 필요한 지식을 알기 쉽고 시의성 있게 전달한다는 대원칙 아래 콘텐츠를 제공하고 있다. 더해 단순한 정보 제공을 넘어서 경영자의 상상력과 통찰력을 자극할 수 있는 주제를 개발하는 데에도 힘을 쏟아왔다. 5~7분 분량의 새로운 동영상 콘텐츠를 매일 4편씩 제공하는 SERICEO는 현재 유료 회원수가 22만 명을 넘는, 한국을 대표하는 지식서비스로 발전해 나가고 있다.

　10년 가까이 축적된 SERICEO의 다양한 콘텐츠 중에서도 CEO나 리더들에게 특히 높은 관심과 사랑을 받은 것은 사례연구이다. 경영의 현장에서 실제로 벌어진 성공과 실패의 기록은 그야말로 히트한 영화보다 더 흥미진진하고, 권위 있는 이론서보다 더 설득력 있는 교훈을 던져준다.

　이제 삼성경제연구소는 경영자의 영감을 자극하는 촌철살인의 스토리를 통해 많은 회원들의 공감을 얻은 경영사례 콘텐츠를 한데 묶어 'SERICEO 실전경영' 시리즈로 발간하고자 한다. 여기에는 각각의 분야에서 최강이 된 기업들은 물론이고 중국의 소림사에서 미국의 FBI에 이르기까지 다양한 조직이 살아남아 성장하고 발전하기 위해 어떠한 변신과 전략을 꾀했는지가 압축적으로 실려 있다.

    글로벌 경제의 뉴 노멀New Normal이라는 표현이 등장하고, 산업과 경영의 패러다임 전환에 대한 논의가 활발하다. 높은 불확실성 속에서 미래 전략에 대한 고민은 더욱 커질 수밖에 없다. 이러한 시기에 경영 현장의 생생한 기록을 전달하고 싶다는 소망을 담고 있는 이 시리즈가 조직을 이끄는 리더와 전략을 구상하는 실무자들에게 발상을 전환하고 새로운 구상을 실현하는 데 조금이나마 실제적인 도움을 줄 수 있다면 커다란 보람이 될 것이다. 끝으로 SERICEO 콘텐츠를 함께 만들어온 연구원과 제작진, 그리고 책자화를 위해 수고한 출판팀원들에게 심심한 감사를 표한다.

삼성경제연구소 소장
정기영

차례

∴ SERICEO 실전경영을 발간하며 · 4

제1장
꿈은 꾸는 만큼 이루어진다

꿈의 크기가 남다르다, IBM | 권기덕 · 13
믿어라, 최고가 된다! 베스트 바이 | 김상범 · 19
명품 브랜드 왕국, LVMH의 성공비결 | 백창석 · 25
오리지널을 넘어서다, 도쿄 디즈니 | 이승현 · 30
세상에서 가장 똑똑한 기업, 시멕스 | 김상범 · 36
대기업병 없는 대기업, 무라타제작소 | 김상범 · 43
평평한 세상의 지휘자, 리앤펑 | 김근영 · 49
지구는 우리가 지킨다, 스토니필드 | 이민훈 · 56
낯선 1등! 비지오의 상식파괴 전략 | 신형원 · 62

제2장
완벽에의 고집이 명품을 만든다

어디서든 빛난다! 스와로브스키 | 홍선영 · 69

완벽이란 이런 것, 앱솔루트 보드카 | 정태수 · 77

명품 가전 밀레의 '포에버' 정신 | 김근영 · 84

네슬레, 50년 뿌린 씨앗 거두다 | 홍선영 · 89

고흐의 마음을 훔친 연필 한 자루 | 이승현 · 95

샤프에 엔진을 달다, 쿠루토가 | 이승현 · 101

아메리칸 걸, 그녀들만의 비밀 | 정태수 · 106

스타일을 짓는다, 크레이트앤배럴 | 김상범 · 112

알코올 0% 맥주, 불가능에 도전한 기린 | 홍선영 · 118

상추로 매출 100억, 장안농장의 뚝심 경영 | 김진혁 · 123

세계를 제패한 한국 강소기업 3선 | 이민훈 · 130

제3장
위기는 같은 양의 기회다

어느 1등의 비결, "내가 틀렸다" | 김진혁 · 139
버버리, 150년 명성의 비밀 | 이민훈 · 144
로스차일드, 불확실성 속의 승부! | 정태수 · 150
벼랑 끝에서 날았다! 엠브라에르 | 홍선영 · 157
페브리즈의 향기로운 현지 전략 | 이승현 · 162
버스비보다 싼 항공료? 라이언에어 | 김상범 · 167
한발 앞섰다! BMW 불황전략 | 이민훈 · 172
불황에도 빛난 일본 기업 3선 | 한일영 · 178

제4장
그들에겐 특별한 무엇이 있다

무려 100년! 세계 최고의 축구전쟁 | 한일영 · 187

변하되 변치 말라! 마블의 흥행법칙 | 홍선영 · 193

고객이 편애하는 기업, 시스코 | 김상범 · 198

디자인의 주인공을 바꾸다, 록웰 | 김상범 · 203

독심술의 명수, 패션기업 코치 | 김상범 · 208

와인을 만드는 청바지 회사, 디젤 | 하송 · 212

오바마를 닮은 와이너리, 켄달 잭슨 | 이승현 · 218

패션계의 애플, H&M의 차별화 전략 | 하송 · 224

일본 작은 가게의 큰 성공 비밀 | 이민훈 · 229

∴ 참고문헌 · 235

SERICEO 실전경영 02

• 꿈의 크기가 남다르다, IBM • 믿어라, 최고가 된다! 베스트 바이 • 명품 브랜드 왕국, LVMH의 성공비결 • 오리지널을 넘어서다, 도쿄 디즈니 • 세상에서 가장 똑똑한 기업, 시멕스 • 대기업병 없는 대기업, 무라타제작소 • 평평한 세상의 지휘자, 리앤펑 • 지구는 우리가 지킨다, 스토니필드 • 낯선 1등! 비지오의 상식파괴 전략

제1장

꿈은 꾸는 만큼 이루어진다

꿈의 크기가 남다르다, IBM

권기덕

1911년 창업 이래 IT 산업을 이끌어온 거대 공룡 IBM. 사실 IBM이 걸어온 길은 그 자체로 IT 산업의 역사라고 할 수 있다. IBM은 과거 컴퓨터 하드웨어의 강자에서 지금은 세계 최대의 IT 서비스업체로 변신하며 IT 업계의 트렌드를 선도하고 있다.

흔히 100년 건축, 100년 기업이라는 말을 많이 한다. 하루에도 수없이 많은 기업들이 사라지는 지금, 장수기업에 대한 꿈은 그만큼 커질 수밖에 없다. 이런 면에서 IBM은 모든 기업들에게 좋은 교과서이다. 100년 기업 IBM의 변신과 새로운 비전에 대해 살펴보자.

패러다임이 바뀌면 기업도 바뀌어야 한다

컴퓨터 산업의 역사를 메인프레임과 개인용 컴퓨터, 즉 PC의 시기로 구분한다면 IBM은 메인프레임 시대의 개척자로서 1950년대부터 1980년대까지 40여 년 동안 누구도 넘볼 수 없는 절대 강자로 군림했다.

그러나 1980년대 중반 이후 성장 엔진이었던 메인프레임 사업이 정체되고, PC로 넘어가는 산업 패러다임에 적절히 대응하지 못하면서 1990년대 초에는 적자 기업으로 전락하는 위기를 겪어야 했다. 이때 IBM을 구한 이는 새로이 CEO로 부임한 루이스 거스너 Louis V. Gerstner 전 회장이다. 그는 강력한 리더십으로 과감한 구조조정과 전략 혁신을 단행함으로써 IBM이 기사회생할 수 있는 발판을 마련했다.

또한 이 위기를 통해 IBM은 근본적으로 서비스 기업으로 변신하며 사업을 전환하게 되었다. IBM 사업의 중심을 하드웨어에서 IT 서비스로 이동하기로 한 것이다. 이는 '산업의 패러다임이 바뀌었다면 기업도 바뀌어야 한다'는 판단 때문이었다.

마침내 IBM은 2004년 PC 하드웨어 부문을 매각하고 명실 공히 세계 최대 IT 서비스업체로 완전히 탈바꿈하였다. 2009년 기준으로 IBM의 서비스 및 소프트웨어 매출 비중은 80%에 달한다.[1]

새로운 비전의 선포 : 더 똑똑한 지구를 만들자

이처럼 늘 새로운 변화를 개척해온 IBM이 미래를 위한 새로운 비전을 통해 또 한 번 변신을 추진하고 있다. 2008년 가을, 세계적인 금융위기로 모든 기업들이 고전을 면치 못하던 그때 IBM은 향후 100년을 준비하는 새로운 비전을 선포했다. 바로 '스마터 플래닛 Smarter Planet'이 그것이다.[2]

스마터 플래닛이란 말 그대로 "더 똑똑한 지구를 만들자"는 뜻이다. 기업의 비전으로는 다소 독특한데, 이는 우리 사회가 봉착한 비효율과 낭비의 문제를 해결하고 사회 전반의 시스템을 좀 더 스마트하게 바꾸는 데에 IBM이 선도적인 역할을 하겠다는 의지를 표현한 것이다. 오늘날 인류는 수많은 문제와 불안 요인을 갖고 있다. 에너지, 기후변동, 식량부족, 자원고갈과 같은 전 지구적인 문제뿐만 아니라, 개인 차원에서는 건강, 음식, 안전에 대한 불안감이 점점 커지고 있다. 이러한 수많은 문제들에 대해 IBM이 가진 기술과 서비스를 결집시켜 보다 나은 해결책을 제시하겠다는 것이다. IBM은 스마터 플래닛을 단순한 마케팅 구호가 아니라 사업을 근본적으로 바꾸는 새로운 경영이념이라고 강조한다.

그렇다면 IBM은 어떻게 이처럼 스케일이 큰 비전을 구상하게 된 것일까?

그것은 앞으로 IT가 사회 시스템이나 타 산업 곳곳에 활용될 뿐 아니라, IT를 통해 무궁무진한 혁신이 탄생할 거라는 믿음에서 출발했다. 지금까지 컴퓨터와 IT는 기업과 개인의 생산성을 올리기 위한 도구로 생각되어왔다. 즉, 인간의 일을 컴퓨터로 빠르고 저렴하게 처리하는 것이 목적이었다. 그러나 컴퓨팅 파워가 급격히 향상되고 인터넷의 대중화와 함께 모바일 컴퓨팅 기기들이 급속하게 증가하면서, IT 기기는 단순하게 인간의 일을 대신하는 것이 아니라 우리 사회의 시스템이나 프로세스를 보다 효율적으로 만들고 고도화하는 데 기여하게 되었다.

IBM이 그리는 보다 나은 미래

과연 IBM이 그리는 구체적인 미래상은 무엇일까?

　IBM은 스마터 플래닛이라는 비전 아래 교육, 의료, 교통, 식품, 인프라 등 20여 개 분야에 대해 스마트한 시스템을 구현하는 방향을 밝히고 있다.

　몇 가지 예를 들면, 먼저 교통 분야에서는 스마트 교통 시스템을 도입하여 교통흐름을 정확하게 예측함으로써 도시의 교통 혼잡 문제를 해결하는 것이다. 도로 혼잡 때문에 미국에서만 연간 42억 시간과 29억 갤런의 휘발유를 낭비하고 있는데, 그 비용이 무려 780억 달러에 달한다고 한다. 그도

IBM은 스마터 플래닛을 통해 사회 각 분야의 다양한 문제를 해결하고자 한다.
자료: http://www.ibm.com/smarterplanet

그럴 것이 1982년에서 2001년 사이 미국의 인구는 20% 늘었는데, 교통량은 236%나 증가했던 것이다.[3]

도로를 새로 만들고 차선을 늘리기 어려운 상황에서 교통 문제를 해결하는 가장 확실한 방법은 도로와 자동차에 지능을 불어넣는 것이다. 즉, 도로 센서, 무선 태그, GPS 등을 이용한 스마트 교통 시스템을 도입해야 한다. 실제로, 스웨덴의 스톡홀름에서는 스마트 교통 시스템을 도입한 결과 교통 정체를 20%가량 줄였고, 영국의 런던에서는 교통량을 1980년대 중반 수준으로 낮출 수 있었다.[4]

스마트 의료 시스템도 대표적인 예로 꼽을 수 있다. 건강 문제는 현대인의 필수 관심사이다. 일본의 경우, 40세에서 74세까지의 국민은 해마다 건강검진을 받을 때 허리둘레를 측정하도록 아예 법으로 제정했다. 그리고 측정 결과 적정 허리둘레를 넘는 사람은 감량 교육을 받도록 했다. 이처럼 정부가 직접 국민의 건강관리에 나설 정도로 의료 시스템 문제는 국가의 중요 정책 이슈가 되고 있다.[5]

IBM은 디지털화된 개인 의료 정보를 바탕으로 질병의

진단과 처방, 조제에 이르는 전체 의료 시스템을 IT로 관리함으로써 현재의 의료 시스템을 보다 스마트하게 바꿀 수 있다고 자신한다.[6]

스마트 푸드 시스템도 좋은 예인데, 이는 식품안전을 체계적으로 관리하는 솔루션이다.[7] 미국의 미래연구소는 인류 사회가 봉착한 위기 요인 중 하나로 식품안전을 꼽은 바 있다.[8] 그만큼 식품안전에 대한 불안감은 커지고 있다. 우리가 먹는 식재료의 원산지를 파악하고, 원산지에서 유통점까지의 이동 과정을 체계적으로 관리하는 솔루션이 있다면, 그런 불안을 떨쳐버릴 수 있을 것이다.

그 밖에도 우리 사회 각 분야에서 부딪힐 수 있는 문제들을 해결하기 위한 기술과 솔루션에 대해 IBM 내부에서 다양한 논의가 펼쳐지고 있다. 지금 자신이 하는 일이 곧 인류의 발전에 기여한다고 생각하기에 IBM의 임직원들은 보다 적극적으로 아이디어를 내게 된다고 한다.

"더 현명하게, 더 안전하게, 더 빠르게, 더 훌륭하게."

우리가 사는 세상을 변화시키기 위한 IBM의 노력은 매우 남달라 보인다.

흔히들 나무만 보지 말고 숲을 보라고 이야기한다. 그러기 위해서는 꿈의 크기, 그릇의 크기부터 키워야 하지 않을까.

믿어라, 최고가 된다! 베스트 바이

김상범

일본의 가전업체들은 물론, 세계를 선도하는 한국의 가전업체들도 내심 두려워하는 기업이 있다. 바로 세계 유통업계의 제왕 베스트 바이Best Buy다. 세계 가전시장의 판도를 결정짓는 미국에서 1,100여 개의 매장을 운영하고 있는 베스트 바이는 2009년 매출이 450억 달러를 넘어섰고, 시장점유율에서도 20%를 육박했다. 게다가 경쟁사인 서킷 시티Circuit City가 쓰러지면서 더욱 확고부동한 위치를 차지하고 있다.

   1966년 리처드 슐츠Richard M. Schulze가 만든 '사운드 오브 뮤직'이라는 작은 오디오 가게에서 출발한 베스트 바이는 45년이 지난 지금 세계 최고의 유통업체로서 정상에 서 있다. 베스트 바이의 성공비결 3가지를 알아보자.

고객의 편이 되어주다

첫째, 베스트 바이는 철저히 고객의 편이 되어주었다. 일반적으로 유통업체는 좋은 품질의 상품을 저렴한 가격에 판매하는 것을 목표로 삼는다. 슈퍼마켓처럼 보다 싱싱한 과일을 보다 저렴하게 판매하는 것이 성공의 핵심이다.

하지만 가전제품 유통은 게임 방식이 다르다. 공산품의 경우, 동일한 모델이면 품질도 동일하다. 즉, 품질 경쟁이 원천적으로 불가능하다 보니 결국 가격 경쟁에 매몰되기 마련이고 레드오션 경쟁을 치를 수밖에 없다.

이러한 제약에 맞서 베스트 바이는 자사만의 독특한 판매 모델을 만들어냈다. 판매수당 제도를 없앤 것이다. 많이 팔거나 많은 이윤을 남긴 판매 직원에게 인센티브를 지급하는 것은 유통업체의 매출을 좌우하는 가장 강력한 수단이었다. 그러나 베스트 바이는 오히려 이 제도야말로 '고객으로부터 멀어지는 악습'이라고 판단했다. 고객에게 비싼 값에 판매하는 것으로 자신의 이익이 보장된다면 과연 고객과의 신뢰가 형성될 수 있을까 하는 의문을 가진 것이다. 그에 따라 베스트 바이는 판매수당을 과감히 없애는 대신, '긱 스쿼드Geek Squad'라는 새로운 조직을 만들었다.

'긱 스쿼드'란 우리말로 번역하면 '전자제품 돌격대'라는 뜻인데, 한마디로 매장에서 고객들의 질문에 응대하고,

베스트 바이의 '긱 스쿼드' 서비스는 고객 만족도 향상에 크게 기여했다.
자료: http://www.bestbuy.com

필요하면 고객의 집까지 직접 방문해 다양한 문제점들을 해소해주는 서비스 돌격대를 일컫는다.

이들은 해결할 수 없는 문제가 생길 경우 사내 전문가를 수소문해서 어떡해서든 고객의 궁금증을 해결해준다. 또 고객을 방문할 때는 아무리 먼 곳이라도, 아무리 시간이 많이 걸리더라도, 고객에게 추가 서비스 요금을 요구하지 않는다. 돈을 떠나서 고객을 진심으로 돕는다는 취지를 살리기 위해 실시한 이 방법은 결과적으로 대성공을 거두었다.

예전에는 컴퓨터를 수리하는 데 3일이 걸렸다면, '긱 스쿼드'를 통해서는 반나절 만에 완료되었다. 이처럼 더 저렴한 가격에 더 빨리 서비스를 제공하다 보니 고객들의 만족도가 크게 향상될 수밖에 없었다.

제조업체와의 공생을 추구하다

둘째, 베스트 바이는 제조업체의 편이 되어주었다.

고객과 직접 대면하는 유통업체는 제조업체보다 아무래도 힘과 영향력이 세기 마련이다. 제아무리 좋은 물건도 유통이 원활하지 않으면 소용없기 때문이다. 게다가 베스트 바이처럼 세계 최고라면 더욱 그렇다.

하지만 베스트 바이는 다르게 생각했다. 최고의 위치에 최고의 판매직원이 있다 하더라도 매력적인 상품이 없다면 무용지물이라고 판단한 것이다. 그래서 베스트 바이는 제조업체가 좋은 제품을 만들도록 최선을 다해 지원했다.

예를 들어, 고객이 제품을 구입하면서 가졌던 궁금증, 사용하면서 겪었던 불편함, 자주 고장 나는 부분 등 고객에게 얻게 되는 상세한 정보를 제조업체에 제공했다. 나아가 고객의 요구사항을 바탕으로 HP, 도시바Toshiba 등과 공동으로 제품을 개발하기도 했다.

또 가전업체들에게 부족한 영상, 음악 콘텐츠를 제공하기도 한다. 이와 관련해서 이미 2000년대 중반 이후부터 콘텐츠 업체인 냅스터Napster를 인수하고 시네마나우CinemaNow와 제휴를 맺는 등 인프라를 구축하고 있다.

물론 한편에서는, 베스트 바이가 제조업체의 깊숙한 부분에까지 영향력을 미치면서, 이를 염려하는 목소리도 있다.

베스트 바이가 관여한 제품들이 매장의 좋은 자리를 모두 차지해버리지는 않을까 하는 우려 때문이다. 그러나 아직까지는 좋은 평판을 유지하고 있다. 최근 《비즈니스위크》에서도 제조업체와의 공생을 추구하는 베스트 바이를 높게 평가한 바 있다.[9]

직원들을 신뢰하고 그들의 편에 서다

셋째, 베스트 바이는 직원들의 편이 되어주었다. 베스트 바이의 본사 직원들 중에는 오후 2시에 출근하는 사람도 있고, 반대로 오후 2시에 퇴근하는 사람도 있다. 의례적인 일간, 주간, 월간 회의는 전혀 없고, 꼭 필요한 경우에만 미리 시간을 정해서 만난다.

또 하나, 공간의 제약도 없다. 말 그대로 아무 곳에서나 일하면 된다. 물론 이 제도를 처음 도입하고자 했을 때는 갑론을박이 들끓었다. 회사 밖에서 일을 할지 낮잠을 잘지 어떻게 알 수 있으며, 또 결국은 사무실에서 일하는 직원이 좋은 평가를 받는 게 아니냐 하는 등의 문제가 제기되었다.

이에 대해 당시 CEO였던 브래드 앤더슨Brad Anderson과 경영진들은 "무조건 직원들을 신뢰하겠다"는 태도를 끝까지 고수했다. 근무 시간, 근무 태도는 직원의 양심에 맡기고 철저히 성과로만 평가하겠다는 결단이었다.

그 결과, 이후 실시된 직원들의 업무 만족도는 상승했고 이직률은 크게 낮아졌다. 또 내부 조사에서도 업무 효율성이 35%나 증대된 것으로 나타났다. 사무실 임대료 등 여타 비용이 대폭 감소된 것은 물론이다. 베스트 바이는 본사 등 사무직에 국한되는 이 제도를 점차 전체로 확대해 나갈 계획이라고 한다.

"모든 위대한 사업은 믿음에서 시작된다"는 말이 있다. 유통업은 어느 업종보다도 고객에 대한 통찰력이 필요한 분야이다. 베스트 바이는 고객, 가전업체, 그리고 직원들을 과감하게 신뢰하는 전략으로 큰 성공을 이뤄낼 수 있었다.

누구나 꿈꾸는 지속성장. 베스트 바이는 우리에게 이에 대한 실마리를 제공한다.

명품 브랜드 왕국, LVMH의 성공비결

백창석

루이비통, 크리스챤 디올, 겐조, 지방시…… 누구나 갖고 싶어하는, 이 화려한 명품 브랜드들은 놀랍게도 모두 LVMH 그룹에 속해 있다. LVMH는 60여 개의 유명 브랜드와 헤네시 코냑 등 세계적 와인 회사를 거느린 명품 왕국으로서, 2009년 기준으로 매출 234.6억 달러, 영업이익 46.1억 달러라는 실적(2010년 11월 환율 기준)을 기록했다.[10] 이러한 성과는 까르띠에, 피아제, 던힐 등을 거느린 업계 2위 리치몬트 Richemont와 매출 기준으로 3배나 차이가 나는 실로 경이적인 수치이다.

과연 LVMH 그룹은 어떻게 이처럼 거대한 명품 브랜드 왕국을 세울 수 있었을까?

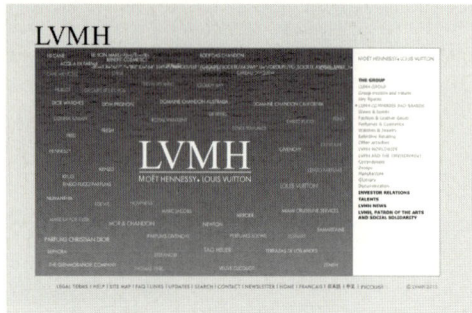

LVMH의 수많은 브랜드를 한눈에 볼 수 있는 홈페이지 화면. 글자를 클릭하면 각각의 브랜드로 연결된다.
자료: http://origin.lvmh.com

성공비결 1. 일관성 있는 M&A 전략

LVMH가 성공할 수 있었던 첫 번째 비결은 공격적인 인수합병에 있다.

프랑스의 부동산 사업가였던 베르나르 아르노$^{Bernard\ Arnault}$ 회장은 LVMH 그룹을 만들게 된 이유에 대해 이렇게 말한 적이 있다. 신규 사업을 찾던 중 미국에서 택시를 타게 되었는데, 택시 기사가 다른 회사는 모르면서 크리스챤 디올에 대해서는 알고 있었다고 한다. 그는 불현듯 "여러 사람들이 알고 있는 것이 유망 사업"이 아닐까 생각하게 되었고 이를 바로 실천에 옮겼다.[11] 1984년 경영난에 처한 크리스챤 디올을 인수한 것을 시작으로 1987년 루이비통, 1988년 지방시, 1993년 겐조, 1999년 태그호이어, 2001년 펜디 등 자그마치 60여 개 브랜드를 인수한 것이다. 당시 가족기업 형태로 경영되던 유럽 명품 브랜드들은 아르노 회장의 공격적인 전략에 하나둘씩 인수합병되었다.

다소 보수적이고 사회주의적 성향이 강한 유럽 사회에서 당시 아르노 회장의 M&A 전략은 업계의 비난을 받기도 했다. 그러나 아르노 회장은 "명품 브랜드의 가치는 역사와 전통이므로 새롭게 만들어내는 것보다 인수하는 것이 시너지 효과가 크다."라며 일관성 있게 M&A 전략을 추진했다.[12] 아르노 회장의 M&A가 성공한 이유도 바로 이러한 일관성에 있다고 할 수 있다. 요컨대 단순한 몸집 불리기가 아니라 진정한 명품 분야의 스타 군단을 구축한 것이다.

성공비결 2. 창조적 기업문화의 창출

LVMH의 두 번째 성공비결은 바로 "디자이너에 대한 전폭적인 지원"이다.

아르노 회장은 각기 다른 개성을 지닌 디자이너들의 예술감각과 창의성을 전폭 지원해왔다. 일례로 그는 크리스챤 디올의 수석디자이너 존 갈리아노(John Galliano)가 신문지로 만든 옷을 주제로 패션쇼를 개최한 후 대대적인 비판여론이 쏟아졌음에도 불구하고 "쇼킹하지 않으면 창조적이지 않다."라며 오히려 극찬했다. 또한 '자도르(Jadore)' 향수를 개발할 당시 고객 평가에서 높은 점수를 얻지 못했음에도 불구하고 개발자의 판단을 지지하며 제품화를 단행했다.[13] 자도르는 이후 세계 Top 3(판매량 기준)에 드는 빅히트를 기록한 바 있다.

　아르노 회장은 다수결에 따르기보다 디자이너 개개인의 직관과 소신을 존중했다. 또 디자이너가 재료 구매, 생산, 광고 콘셉트, 모델 분장에 이르는 전 과정을 감독하게 하여 개발자의 의도와 '브랜드 정체성'이 소비자에게 전달되는 과정에서 훼손되지 않도록 지원하고 관리했다. 단, 제품 실패에 따른 리스크를 최소화하기 위해 "신제품은 전 제품의 15%(품목 기준)를 넘지 않는다"는 원칙을 마련해놓았다.

성공비결 3. 차별화된 브랜드력 구축

LVMH의 세 번째 성공비결은 "소비자에게 꿈과 환상을 심어주는 브랜드력을 구축"한 것이다.

　명품은 무엇보다 브랜드의 이미지가 중요하다. LVMH는 '지금은 사기 힘들지만 나중엔 반드시 사고야 말겠다'는 꿈과 환상을 소비자들에게 심어주는 마케팅에 집중해왔다. 예를 들어, 루이비통컵 요트 대회를 지원하거나 타이거 우즈, 샤라포바 등의 스포츠 스타를 활용해 끊임없이 상류사회, 세계 최고들의 이야기를 창출하고 이를 브랜드 이미지로 만들어가고 있다.

덴마크 출신의 유명한 미래학자인 롤프 옌센Rolf Jensen은 "정보사회 이후는 드림 소사이어티Dream Society가 도래한다. 드림 소사이어티란 소비자에게 꿈과 감성을 주는 것이 경쟁력이 되는 사회이고, 그 힘은 '이야기'가 될 것이다."라고 말한 바 있다.[14] 이러한 면에서 볼 때 아르노 회장은 미래의 핵심을 짚어 나가고 있다 해야 할 것이다.

LVMH 그룹이 보여주듯이 창조성은 기업의 가장 중요한 경영자원이다. 독창적인 디자인은 디자이너가 만들더라도, 디자인이 나오게 되는 여건은 경영자가 만든다는 것을 잊지 말아야 할 것이다. 따라서 경영자는 디자이너의 창조력을 보호하고 브랜드 정체성이 고객에게 제대로 전달될 수 있도록 힘을 쏟아야 한다.

오리지널을 넘어서다, 도쿄 디즈니

이승현

2009년 12월 24일, 일본 도쿄 디즈니랜드의 모습을 비디오로 본 적이 있다. 웅장한 규모는 물론, 공중파 방송국에서 하는 버라이어티 쇼보다 훨씬 세련된 퍼포먼스를 보면서 그 수준에 깜짝 놀랄 수밖에 없었다. 무엇보다 세계적인 경기불황 속에서 디즈니랜드가 이처럼 도쿄의 스펙터클로 부상했다는 점은 눈여겨볼 만하다.

사실 불황에 가장 영향을 크게 받는 산업 중 하나가 바로 레저산업이다. 실제로 글로벌 금융위기의 여파로 세계 각국의 레저산업이 큰 타격을 입었다. 미국 디즈니 본사만 하더라도 2009년 1,900명을 감원하는 아픔을 겪은 바 있다.

그런데 도쿄 디즈니랜드는 상황이 전혀 달랐다. 경기불

황의 한파가 불어닥친 2008년, 도쿄 디즈니랜드는 2,722만 명이라는 사상 최고의 방문자 수를 기록했다. 그뿐 아니라 신종인플루엔자가 확산됐던 2009년에도 예상 방문객 수가 2,560만 명을 웃돌았다. 더 놀라운 것은 관광객들이 이전보다 훨씬 더 많은 돈을 쓰고 갔다는 사실이다.

2009년 2월, 관광객 한 명이 도쿄 디즈니랜드에서 쓴 돈은 9,640엔, 우리 돈으로 약 12만 원에 이른다. 이는 2008년 같은 기간보다 2.9% 증가한 수치다. 이에 따라 도쿄 디즈니랜드의 매출은 거의 10% 늘어 42억 달러에 이르렀다.[15]

일본의 가구당 소비지출이 계속해서 감소하고 있는 상황에서 어떻게 이런 일이 가능했을까?

완벽한 판타지를 꿈꾸다

첫째, 그들은 디테일에 강했다. 그래서 판타지로 가득해야 할 테마파크에서 현실적인 것들, 일상적인 것들을 거의 완벽하게 들어냈다.

도쿄 디즈니랜드는 원래 후지산 근처에 들어설 예정이었다. 그런데 이를 지금의 지바현으로 바꾼 이유는 다름 아닌 후지산 때문이었다. 만약, 동화에 나오는 마법의 성 너머로 자신이 다니는 학교나 회사 건물이 보이면 어떨까? 아마도 흥분되고 들뜬 마음이 찬물을 끼얹은 것처럼 가라앉고 말 것이다. 디즈니랜드는 이러한 심리를 파악해 애초의 계획을 바꿔 삼면이 바다로 둘러싸인 지바 현을 선택했다.[16] 디즈니랜드가 후지산 근처에 들어서면 공원 어디에서나 후지산이 보일 텐데, 그럴 경우 사람들은 후지산이라는 익숙한 풍경 때문에 꿈과 마법의 세계에 제대로 몰입할 수 없을 거라는 판단에서였다.

물론 지바 현에도 고층 건물과 고가도로가 있다. 도쿄 디즈니랜드는 큰 나무와 높은 건축물을 활용해 이런 도시 풍경이 관람객에게 보이는 것을 철저하게 막았다. 또한 지하에 별도의 공간과 도로를 만들어 식재료나 상품 등을 실은 차량과 이를 나르는 사람들, 그리고 직원들의 출퇴근하는 모습 등이 노출되는 것까지도 근본적으로 차단했다.

이러한 노력 덕분에 도쿄 디즈니랜드는 완벽한 비일상의 판타지 공간을 창조할 수 있었고, 누구나 가보고 싶은 매력적인 공간으로 자리 잡을 수 있었다.

매뉴얼보다 감동을 좇다

둘째, 그들은 매뉴얼을 뛰어넘는 감동 서비스를 제공했다. 도쿄 디즈니랜드가 개장을 준비할 당시 미국 디즈니랜드는 그들에게 350권에 달하는 방대한 매뉴얼을 보냈다. 그 안에는 테마파크 내에서 벌어질 수 있는 수없이 많은 상황과 그에 대한 대처 방안이 표준화되어 상세하게 기록돼 있었다.

그런데 표준화된 서비스를 제공했음에도 고객들의 반응이 영 신통치 않았다. 철저하게 매뉴얼에 따라 움직이는 미국식 서비스가 일본 고객들에게는 잘 맞지 않았던 것이다. 예를 들어, 미국의 서비스 지침에 따르면 고객이 갑자기 쓰러졌을 경우 직원들은 의사나 구급요원이 도착할 때까지 어떠한 조치도 취하지 못하도록 명시하고 있다. 잘못된 조치로 만에 하나 발생할 수 있는 위험을 최소화하기 위한 것이다.

하지만 이런 방식이 일본의 고객들에겐 오히려 좋지 않은 인상을 남겼다. 도쿄 디즈니랜드 직원들은 책임감도 없고 감정도 없다는 식으로 비쳐진 것이다. 이에 도쿄 디즈니랜드는 매뉴얼을 뛰어넘는 서비스를 찾아야 한다는 문제의식을 가지게 되었다. 그리고 그러한 고민 끝에 최선의 해답을 찾아냈다. 도쿄 디즈니랜드 전 직원들에게 구급요원 자격증을 취득하도록 한 것이다.

"매뉴얼에 따른 통일된 서비스는 기본이다. 기술 범위를 넘어서 마음이 더해진 서비스가 되어야 한다." 도쿄 디즈니랜드의 부사장이었던 가미사와 노보루 上澤昇의 말은 도쿄 디즈니랜드의 서비스 정신을 잘 나타내고 있다.[17]

이러한 노력 덕분에 도쿄 디즈니랜드는 미국 본사에서도

오히려 배워야 한다는 말이 나올 정도로 고객감동 서비스의 대표주자로 손꼽히게 되었다.

익숙한 풍경, 새로운 자극

마지막으로 셋째, 그들은 익숙한 것과 새로운 것 사이의 균형을 잘 맞추었다.

테마파크 비즈니스의 성패는 고객의 재방문 비율에 달려 있다고 해도 과언이 아니다. 그런데 도쿄 디즈니랜드의 경우 재방문 비율이 97%에 달한다. 그뿐만 아니라 정기 이용권을 구입해서 한 해에만 100번 가까이 도쿄 디즈니랜드를 찾는 마니아들의 비중도 상당하다.[18]

월트 디즈니Walt Disney는 사람들이 다시 찾아오게 하는 비결과 관련해 이렇게 말했다고 한다.

"재방문의 원천은 변화이다. 디즈니랜드는 살아 있는 존재다. 완성이나 끝은 없다. 항상 아이디어를 짜내고 새로운 것을 추가해 나가야 한다."

변화에 대한 생각은 도쿄 디즈니랜드도 결코 다르지 않았다. 1983년 개장 당시 32개 어트랙션으로 시작한 도쿄 디즈니랜드는 현재 41개의 어트랙션이 운영되고 있다. 또한 2013년까지 약 300억 엔을 들여 5개의 어트랙션을 추가할

계획이라고 한다.[19] 그리고 이러한 놀이기구 이외에도 신개념 쇼핑몰인 익스피어리^{Ikspiary}, '모험과 상상의 바다'를 슬로건으로 성인들이 즐기기에 보다 적합하게 꾸며진 테마파크 디즈니 씨^{Sea}, 백설공주와 신데렐라 등 디즈니 캐릭터를 활용해 내부를 장식한 디즈니 호텔까지 끊임없이 새로운 시도를 하고 있다.

여기서 주목할 점은 도쿄 디즈니랜드가 이렇게 모든 것을 바꾸는 것에만 집중한 것이 아니라, 신선함과 익숙함의 조화도 함께 추구한다는 사실이다. 실제로 도쿄 디즈니랜드에는 20년 이상 된 어트랙션도 여러 개 있다. 익숙한 풍경으로 고객을 안심시키고 편안함을 주는 동시에, 한편으로는 끊임없이 변화하는 모습을 보여줌으로써 고객에게 새로운 자극을 준다는 전략인 것이다.

도쿄 디즈니랜드는 그들만의 업그레이드된 방법으로 성공적인 결과를 창출했다. 그래서 오리지널을 뛰어넘는 이미테이션이 아닐까 하는 생각마저 갖게 만든다. 미국 디즈니 본사라는 거대한 산을 넘어서는 순간, 전 세계적인 불황에도 흔들리지 않는 경지에 이르렀기 때문이다.

도쿄 디즈니랜드는 눈앞에 보이는 거대한 벽이 실은 우리를 가두는 울타리가 아니라, 언젠가는 반드시 뛰어넘어야 하고 또 뛰어넘을 수 있는 허들은 아닌지 생각하게 해준다.

세상에서 가장 똑똑한 기업, 시멕스

김상범

《블루오션 전략》을 저술한 인시어드INSEAD 경영대학원의 김위찬 교수는 멕시코의 시멘트 제조기업 시멕스CEMEX를 세계에서 가장 똑똑한 기업 중의 하나라고 극찬한 바 있다.

1906년 설립된 이래 시멕스는 세계 3대 시멘트 제조기업으로서 2008년 매출 210억 달러(약 25조 원), 영업이익률 10%를 상회하는 초우량기업으로 성장했다.[20] 성장 둔화를 걱정할 수밖에 없는 대표적 굴뚝산업인 시멘트 제조기업임에도 불구하고 시멕스가 이토록 큰 성과를 이룬 이유는 무엇일까?

- 2010년의 경우 글로벌 금융위기의 여파로 매출 150억 달러, 영업이익률 8%를 기록해 2008년에 비해 낮은 성과를 보였다.

경쟁사들이 시멘트를 팔 때
시멕스는 희망과 꿈을 팔다

첫째, 시멕스는 그들만의 특별한 비즈니스 모델, '파트리모니오 오이Patrimonio Hoy'를 만들었다.[21]

Patrimonio Hoy는 멕시코 말로 '오늘을 위한 기금'을 의미하는데, 일종의 '시멘트 계'라고 할 수 있다. 여기에는 빈민가 고객들과 하루 10시간 이상 1년을 함께 보내면서 소비자를 파악한 시멕스의 노력이 깃들어 있다.

멕시코 사람들은 가족행사를 가장 중요하게 여긴다. 생일, 결혼식, 장례식 등을 성대하게 치르기 위해 마을의 모든 사람들이 계를 결성하고, 돈을 차곡차곡 모은다. 문제는 그 때문에 다른 데에 지출할 여유가 없다는 사실이다. 목돈이 없으니 집을 보수할 여력이 없고, 결국 이는 시멕스의 매출 감소로 이어졌다. 다른 대단위 공사를 수주하는 방법도 있겠지만, 멕시코에서는 극소수의 대도시를 제외하고는 체계적인 도시개발이 이루어지지 않고 있는 상황이다. 그러다 보니 사람들이 직접 시멘트를 구입해서 건물을 짓기 때문에 판로 개척이 쉽지 않다. 실제로 시멕스 시멘트 판매액의 85%가 이 같은 소매 고객의 주머니에서 나온다. 이러한 상황에서 주목한 것이 바로 그들의 쌈짓돈, 즉 '곗돈'이었다.

시멕스가 제안하는 '시멘트 계'는 기본적으로 기존의 계와 비슷하다. 마을의 모든 사람들이 매월 조금씩 돈을 모아 중요한 가족행사가 있는 사람에게 몰아주는 형식으로, 다른 점이 있다면 돈이 아닌 시멘트를 사서 주는 것이다. 시멕스의 전 임직원들은 전국 방방곡곡의 마을을 방문해 홍보하기 시작했다.

"좋은 음식을 대접하고 화려한 파티를 여는 것도 좋지만 태어날 아이를 위해 방을 만들어주거나, 신혼부부에게 집을 마련해준다면 어떨까요? 시멘트는 새로운 희망과 꿈을 선사하는 것입니다."

물론 최적의 가격과 함께 집을 제대로 짓는 방법, 건축 감독 그리고 좋은 조건의 대출까지도 기꺼이 지원을 약속했다. 그러자 1990년대 후반 성장이 정체되어 가격경쟁만이 존재하던 시멘트 업계에서 시멕스는 연간 5억 달러 이상의 신규 수요를 창출했고, 또 매달 15%의 경이적인 매출성장률을 기록하며 2년 만에 매출을 2배로 끌어올렸다. 아울러 설계, 건축, 대출 등의 부가서비스 사업을 통해 업계 최고 수준의 수익률을 올리기도 했다. 경쟁사들이 시멘트를 팔 때 시멕스는 꿈과 희망을 판매한 결과였다. 그 이후로 지금까지 시멕스는 저소득층 18만 가정에 '내 집 마련의 꿈'을 이뤄주었다.

시멘트 사업의 핵심은 IT다?!

둘째, 시멕스는 시멘트 사업의 성공 핵심을 시멘트가 아니라 IT에 있다고 판단했다.

시멕스의 로렌조 잠브라노Lorenzo Zambrano 회장은 "시멘트 사업의 성공은 좋은 제품만으로는 달성하기 어렵다. 반드시 정확하게 제품을 공급하는 운영 시스템을 갖추어야 한다."라고 강조한다.[22] 한마디로 시멘트 사업은 동네 중국집 배달과 비슷한 이치라는 것이다. 중국집의 경우 음식이 불기 전에 신속하게 배달하지 않으면 주문이 취소되거나 고객이 떨어져 나가는 것은 당연한 이치다. 특히 기업 환경이 불안정한 멕시코 시장은 고객이 도중에 주문을 취소할 확률이 무려 50%에 달한다고 한다.

시멕스는 2000년부터 모든 레미콘 차량에 위성항법장치를 장착하고, 끊임없이 최적의 이동경로를 연구했다. 레미콘 사업부의 슬로건은 "레미콘 사업은 야채 사업이다, 야채는 시들면 못 팔고 레미콘은 굳으면 못 판다. 핵심은 스피드!"라고 한다.[23] 그들은 전 세계 공장의 재고 상황을 실시간으로 파악함으로써 예상하지 못한 위기 상황에도 신속하게 대응할 수 있는 운영 체계를 구축했는데, 그 결과물이 '시멕스 넷Cemex Net'이라는 위성 텔레콤 네트워크이다.

시멕스 넷은 2,000여 개 유통업체를 무선 네트워크로 연결해 주문 30분 내에 레미콘 배달을 완료하는 시스템이다. 이에 2004년 미국 와튼 경영대학원은 여타 첨단 기업을 제치고 시멕스를 '세계에서 가장 혁신적인 기술 기업'으로 선정하기도 했다.[24]

M&A를 통해 해외로 진출하다

셋째, 시멕스는 고유의 M&A 전략을 만들었다.

멕시코는 1980년대 중반 심각한 경제위기 속에서 무역 자유화 조치를 취하기 시작했고, 시멘트 업계에도 약육강식의 경쟁논리가 도입되었다. 해외 선진업체를 이기지 못하면, 결국 외국 기업에게 잡아먹히거나 내수시장이 초토화될 형국이었던 것이다.

이때 시멕스는 해외사업 진출을 통해 정면승부를 하기로 결정했다. 하지만 사실 시멘트 산업이 국제화되기란 매우 어려운 일이었다. 부피에 비해서 상품가격이 낮고 운송료는 높기 때문이다. 결국 시멕스는 면밀한 검토 끝에 해외 M&A를 선택했다. 포대를 수출하기는 어렵지만, 갈고 닦은 경영 노하우만큼은 충분히 해외에서도 경쟁력이 있다는 판단에서였다.

시멕스는 남미 및 북미 대륙을 중심으로 시작해 2000년

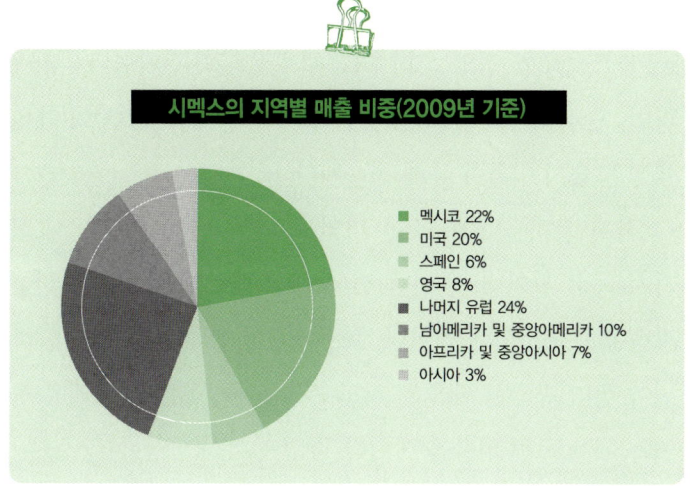

부터는 아시아와 유럽 시장에 진출했다. 그리고 2005년에는 유럽 3위 시멘트 업체인 영국의 RMC를 인수하는 성과를 달성했다. 현재 시멕스의 해외매출 비중은 80%를 육박한다.

해외 M&A는 누구나 돈만 있으면 할 수 있는 전략이라 생각하기 쉽지만, 사실 고도의 노하우가 필요한 경영 기법이다. 선진국의 일부 글로벌 기업을 제외하고 성공적으로 M&A를 마무리하는 기업은 찾아보기 쉽지 않다. 그렇다면 시멕스의 비결은 무엇이었을까?

핵심은 합병 이후의 조직통합을 지휘하는 PMI^{Post-Merger Integration} 조직이다. 시멕스의 PMI 조직은 하버드 경영대학원에서 모범 경영사례로 연구할 만큼 유명하다. 이들은 해외 M&A의 행정적인 절차가 완료되면, 피인수기업에 파견되어 본사가 보유한 경영 노하우를 체계적으로 전파한다. 생산, 영업, 관리, 홍보 등 모든 업무 영역에서 대략 3,000여 개의 핵심 모듈이 이들을 통해 전수된다.

하지만 더 중요한 것은 피인수기업의 강점을 반드시 한 가지 이상 찾아내고, 이를 전 세계 시멕스 조직에 전파하는 모습을 보여준다는 점이다. 누구에게나 강점이 있고 이를 배워야 한다고 믿는 태도는 피인수기업 구성원들의 사기를 높이는 데에도 큰 영향을 미친다.

대표 굴뚝산업인 시멘트 업계에서 가장 혁신적인 기업으로 우뚝 선 시멕스. 성장에 목마른 지금, 굴뚝기업 시멕스의 성공 사례를 새로운 성장 엔진을 점화하는 계기로 삼아보는 건 어떨까.

대기업병 없는 대기업, 무라타제작소

김상범

하나의 소재가 수만 개의 제품으로 세분화되는 시장, 그 시장을 찾아내 선점하고 리드하는 것이야말로 모든 경영자들의 꿈일 것이다. 공업용 도자기를 만드는 작은 가족기업으로 출발한 무라타제작소_{村田製作所}, Murata Manufacturing Co., Ltd.는 바로 그런 꿈을 현실화한 기업이다.

무라타제작소는 우리가 보통 '애자_{碍子}'라고 부르는, 아직도 전봇대에 절연체로 흔히 사용되는 팔뚝만한 도자기 부품을 만드는 가족기업이었다. 그런데 1944년 창업주 무라타 아키라_{村田昭}는 도자기, 즉 세라믹이 전자부품으로 사용될 수 있다는 사실에 주목하고, 도자기 생산업체에서 전자부품 업체로 변신을 시도했다. 이것이 바로 무라타제작소의 시작이다.

무라타제작소의 주력 제품은 적층 세라믹 콘덴서, 즉 MLCC(multilayer ceramic capacitor)이다. 쉽게 말하자면, 여러 가지 화학소재를 결합해 만든 세라믹 부품이다. MLCC는 휴대폰이나 컴퓨터, TV 등에서 전류의 흐름을 제어하는 역할을 하는 핵심 부품으로서, 휴대폰에는 200개, 컴퓨터에는 500개, TV에는 1,000개 이상이 필요하다. 크게는 손톱만한 것부터 작게는 모래알보다 작은 것까지 크기도 다양하다. 게다가 가격도 천차만별이다. 하나에 1원이 안 되는 제품이 있는가 하면, 비싼 것은 소주 한 잔 분량에 수천만 원을 호가한다.

무라타제작소는 MLCC를 비롯한 세라믹 전자부품 부문에서 지난 수십 년간 세계 시장점유율 50% 이상을 유지해왔다.[25] 한 분야에서 이렇게 타의 추종을 불허한 사례는 찾아보기 힘들다. 게다가 수만 개 이상의 제품이 존재할 만큼 세분화된 시장을 독식했다는 점에서 더욱 놀라운 결과다.

당연히 경영성과도 훌륭하다. 금융위기 이전 지난 10년간 연평균 15% 이상의 고속성장을 달성했으며, 영업이익도 20%에 육박한다.[26] 그렇다면 이 막강한 무라타제작소의 성공비결은 무엇일까?

살아남거나 도태되거나… 치열한 내부 경쟁

무라타제작소의 첫 번째 성공비결은 치열한 내부 경쟁 체제에 있다. 2010년, 창업 66년을 맞은 무라타제작소의 업무 분위기는 어떨까? 무라타제작소를 방문한 사람들은 실리콘밸리의 벤처나 대학생 벤처보다 더 치열한 분위기에 놀란다. 회사 자체가 수천 개의 벤처기업이 연합된 듯한 양상을 보이기 때문이다.

무라타제작소는 3,000개가 넘는 사업부서로 분리되어 있으며, 사업부서끼리 필요한 부품과 서비스를 사고판다. 예를 들어, 영업부서는 필요한 부품을 제조부서에서 구입해 고객에게 판매하고 이윤을 창출한다. 그리고 창출한 이윤을 기반으로 해 자연스럽게 인센티브가 결정된다. 따라서 영업부서들은 가능한 한 저렴한 가격에 좋은 부품을 공급받기 위해 필사적으로 노력하고, 경쟁력이 없는 제조부서들은 자연스럽게 도태된다. 물론 반대의 경우라면 제조업체가 부품을 비싼 가격에 판매하고 두둑한 인센티브를 챙길 수 있다. 결국 회사 내에서부터 이미 더 좋은 제품과 서비스를 제공하고자 하는 시장경쟁이 치열하게 벌어지는 것이다.

자금관리도 같은 방식으로 이루어진다. 별도의 사내은행에서 각 사업부서에 자금을 빌려주고 꼬박꼬박 이자를 챙긴다. 따라서 사업부서에서는 최대한 효율적으로 자금을 사용하기 위해 노력한다. 불필요한 이자가 발생할수록 부서의 이익이 감소하기 때문이다.

성공과 똑같이 대접받는 실패

무라타제작소의 두 번째 성공비결은 실패를 자산으로 만드는 데 있다.

MLCC는 여러 화학소재가 결합한 제품이니만큼 예민하기도 하고, 원재료와 제조하는 방법에 따라 매우 다양한 제품군으로 나뉜다. 따라서 고객이 원하는 전기적 특성의 부품을 만들려면 많은 시행착오를 겪을 수밖에 없다. 첨단 디지털 제품이지만, 제품 개발 과정은 상당히 아날로그적이라고 할 수 있다.

무라타제작소는 이런 과정, 즉 지금까지 행한 실험의 모든 '실패'를 꼼꼼히 기록한다. 대부분의 기업들이 성공 사례를 전파하기 위해 노력하는 데 반해, 무라타제작소는 실패 사례도 성공 사례와 똑같이 대접한다. 이런 과정이 오래 축적되다 보니 결국 어느 경쟁사도 따라오기 힘든, 소재와 제조 방법에 관한 독보적이고 방대한 데이터베이스를 완성하게 되었다. 지금은 고객이 제품 카탈로그에 없는 까다로운 부품을 요구해와도 만들 수 있는 역량을 축적한 상태다.

일본에서 '경영의 신'으로 불리는 마쓰시타 고노스케^{松下幸之助}는 이런 무라타제작소의 실력을 보고 "무라타제작소는 도깨비 방망이와 같은 기업이다."라고 평가한 바 있다.

100억 엔의 적자 예상에
1,000억 엔의 비용절감으로 맞서다

무라타제작소의 세 번째 성공비결은 기민한 위기 대응력에 있다.

아무리 막강한 실력을 갖춘 무라타제작소라 해도 세계 시장 상황을 무시할 수는 없다. 지난 2008년 이후 글로벌 금융위기로 경기가 급락하고 엔고 현상까지 겹치자 무라타제작소는 "100억 엔 영업적자가 예상되므로 1,000억 엔의 비용 절감안을 실행하겠다."라고 발표했다. 대략 우리 돈으로 1,370억 원의 손실에 대해 1조 3,700억 원의 비용을 줄여 사실상 흑자 기조를 유지하겠다는 발표였다.[27] 과연 이런 목표가 실현 가능할까?

무라타제작소는 우선 일본 내 센다이공장을 2년간 폐쇄했다. 센다이공장은 지진이 발생할 때를 대비한 예비 생산시설이다. 또 설비투자 부문도 현금흐름을 유지하고 감가상각비를 절감하려는 목적에서 전년 대비 절반 수준인 450억 엔을 투입했다. 무엇보다 평생고용을 중시하는 일본 기업의 관행을 깨고 3,000명이 넘는 인력을 감축했다.[28]

위기에 대응한 이러한 조치들은 사실상 '비효율을 불황에 다 털고 가겠다'는 무라타제작소의 강력한 경영 의지를 보여준다. 물론 비용 절감에 집중하는 가운데서도 2009년 신년사에서 무라타 야스타카村田泰隆 사장이 '고객만족'을 경영방침으로 공표할 만큼 고객관리 부분은 철두철미하게 관리했다.

부서 간 선의의 경쟁을 불러일으키고 실패까지도 자산화하며 위기에 발 빠르게 대응하는 것, 이것이 바로 창립 66주년을 맞은 무라타제작소의 저력이다. 예순이 넘은 나이에도 늘 20대 청년과 같은 열정적인 분위기를 이어가는 무라타제작소는 대기업병에 전전긍긍하는 여러 기업들에게 그야말로 많은 시사점을 던져준다.

평평한 세상의 지휘자, 리앤펑

김근영

매년 20억 벌 이상의 의류와 장난감, 액세서리 등의 소비재를 생산하고 900여 개의 브랜드를 관리하는 회사가 있다. 이 기업이 소유한 공장과 생산인력의 규모는 과연 어느 정도일까? 어마어마한 숫자를 머릿속에 떠올리기 쉽지만 정답은 전혀 뜻밖이다. 이 회사는 단 하나의 공장도, 단 한 명의 생산인력도 없다.

어떻게 이런 일이 가능할까? 이 질문에 대한 해답은 리앤펑Li&Fung Limited에서 찾을 수 있다.

새로운 비즈니스 모델, '네트워크 편성'

1906년 광저우廣州에서 설립된 리앤펑 그룹은 수출 조달과 유통, 소매 등을 핵심 사업으로 하는 다국적 그룹이다. 전 세계 40개국에 걸쳐 약 2만 4,000명 이상의 종업원을 고용하고 있는 리앤펑은 지난 2008년에는 약 18조 원, 2009년에는 약 15조 원의 매출을 기록하였다.[29] 또 《비즈니스위크》지가 선정한 '세계에서 가장 영향력 있는 29개 회사'(2008년) 가운데 하나로 뽑히기도 했다.[30]

100년이 넘는 역사와 지난 14년간 연평균 23% 성장이라는 성과도 놀랍지만, 무엇보다 리앤펑을 주목하게 만드는 것은 바로 '네트워크 편성network orchestration'을 활용한 독특한 비즈니스 모델이다. 여기서 네트워크 편성이란 고객의 요구를 충족시키기 위해 서로 다른 지역에 있는 여러 공장들을 모아 전체적으로 최적의 공급사슬supply chain을 설계하고 관리하는 일을 말한다.[31]

《세계는 평평하다The World is Flat》(2006, 창해)의 저자 토마스 프리드먼Thomas Friedman은 "국제화 3.0 시대에는 지리적 위치에 관계없이 세상의 어느 곳에서든 협업이 가능하다."라고 이야기한 바 있다. 이러한 평평한 세상으로의 변화는 네트워크 편성을 더욱 가속화하고 있다. 리앤펑은 이런 기회를 최대한 활용해서 막대한 부가가치를 창출하고 있는 기

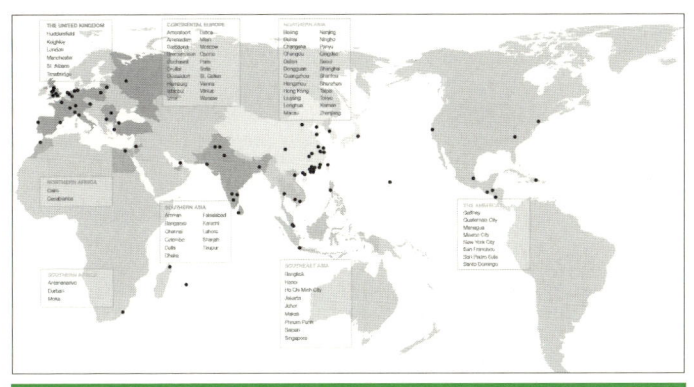

리앤펑의 성공은 곧 "리앤펑이 편성한 네트워크 팀(•으로 표시)의 성공"이라 할 수 있다.
자료 : Li&Fung Limited, *2009 Annual Report*.

업이다.

예를 들어, 미국의 의류 매장에서 홍콩의 리앤펑에 반바지 30만 벌을 주문하면 직물과 단추는 중국에서, 지퍼는 일본에서, 실은 파키스탄에서 조달받고, 이는 다시 방글라데시로 보내져 꿰매어진다. 이렇게 생산된 반바지는 다시 최적의 이동 경로를 통해 미국으로 선적된다. 공장도, 재봉사도 없는 리앤펑이 하는 일은 바로 이러한 일련의 프로세스가 가장 효율적으로 진행될 수 있도록 최적의 네트워크를 편성하는 것이다.

최근 나이키, 이베이 등 많은 글로벌 기업들이 유사한 시도를 하고 있으나, 리앤펑을 따라잡기에는 아직 역부족이다. 리앤펑은 '평평한 세상'이라는 개념조차 희미하던 1980년대부터 이미 네트워크 편성에 기반을 둔 사업 모델을 실행에

옮겨 노하우를 축적해왔기 때문이다.

평평한 세상의 도래와 핵심 역량의 변화

그렇다면 네트워크 편성에 필요한 핵심 역량은 무엇일까?

리앤펑 그룹의 빅터 펑^{Victor Fung} 회장은 "평평한 세상의 도래가 핵심 역량의 정의와 경쟁의 방식을 변화시키고 있다."라고 말했다.

흔히 핵심 역량이란 '경쟁자들이 모방하기 어려우면서 여러 제품과 시장에 레버리지^{leverage}할 수 있는 능력'이라고 얘기된다. 대개 자사의 핵심 역량은 유지하면서 덜 중요한 프로세스와 서비스는 아웃소싱을 통해 외부로부터 제공받는 것이 일반적이다. 그리고 기업의 경쟁력은 기업이 '소유'하고 있는 핵심 역량에서 나온다고 볼 수 있다.

하지만 세상이 네트워크 중심으로 이동하면서 기업의 핵심 역량은 공급자들을 '연결'할 수 있는 역량으로까지 확대되고 있다. 이로 인해 경쟁의 단위 또한 기업에서 기업 간 네트워크 또는 공급사슬로 이루어진 '팀'으로 확대되었다. 결국 리앤펑의 성공은 보다 정확히 말하자면 "리앤펑이 편성^{orchestrate}한 네트워크 팀의 성공"이라고 말할 수 있다.

크지만 작은 기업

이처럼 경쟁이 네트워크 단위로 확대된 상황에서, 경쟁에서 이기기 위한 네트워크 편성자의 역할은 무엇일까?

빅터 펑 회장은 자신의 책 《평평한 세상에서의 경쟁 전략》에서 네트워크 편성자의 역할을 오케스트라 지휘자에 비유했다. 오케스트라 지휘자는 어떤 악기도 직접 연주하지는 않지만 재능 있는 연주자들을 발굴하고 조합해서 최고의 기량을 발휘할 수 있도록 이끌어 나간다.

네트워크 편성자도 마찬가지다. 직접 생산을 하지는 않지만 최고의 제품을 위해 전 세계에 퍼져 있는 역량 있는 공급자들을 발굴하고 이들이 지닌 역량과 창의성을 이끌어냄으로써 성공적인 프로세스를 창출하고자 노력한다.

그러나 네트워크 편성에서 반드시 피해야 할 것이 있다. 바로 공급사슬에서 발생하는 일방적이고 적대적인 관계이다. 동일한 네트워크 안에 속한 공급자들은 모두가 하나의 팀에 속해 있는 공동 운명체다. 그 중에 힘 있는 기업이 자신만의 이익을 극대화하려 한다면 협력은 무너지고 유연성도 떨어져, 결국 네트워크 전체의 효율성을 저해하는 결과를 가져올 것이다. 최근 글로벌 소싱이 확대되면서 유사한 비즈니스 모델을 채택하는 기업들이 많음에도 불구하고 리앤펑의 성공이 더욱 두드러지는 이유 중의 하나는 바로 이러한 철학이 네트워크 편성의 밑바탕에 있기 때문이다.

    그런데 수많은 공급자들과의 관계를 이끌어가야 하는 큰 기업이 통제력을 잃지 않고 기업가적으로 유연하게 행동하기란 결코 쉬운 일이 아니다. 이에 리앤펑은 그들이 지향하는 조직문화를 'Big Small Company', 즉 '크지만 작은 기업'이라고 설명한다. 큰 조직의 일부로서 누리는 혜택은 유지하면서도 작은 기업처럼 행동할 수 있게 한다는 의미이다. 그럴 때만이 통제력을 잃지 않고 유연성을 유지할 수 있다고 믿기 때문이다.

    이를 위해 리앤펑은 '리틀 존 웨인Little John Waynes'이라고 불리는 리더들이 운영하는 작은 사업단위에 자치권을 주어 현장 변화에 재빨리 대응할 수 있도록 지원하고 있다.[32] 리앤펑에는 리틀 존 웨인들이 운영하는, 종업원 30~50명 규모의 작은 사업단위가 170여 개 정도 있다. 이들은 마치 자기 사업을 하듯이 무엇을 얼마에 팔고 이윤을 어떻게 배분할지 등에 대해서도 재량권을 갖고 있다. 이들 각자가 올리는 매출은 연간 2,000만 달러, 많게는 7,000만 달러에 달한다.

평평한 세상이 제공하는 기회

100여 년 전 도자기와 비단을 수출하던 조그만 무역중개상이 전 세계의 주목을 받는 글로벌 기업으로 거듭났다. 변화하는 세상이 제공하는 기회를 누구보다 빠르게 포착하고 활용했기 때문에 가능한 일이었다.

평평한 세상은 리앤펑과 같은 네트워크 편성자에게도 기회를 주지만, 공급사슬의 일부를 담당하는 작은 기업에게도 보다 많은 기회를 제공하고 있다. 한 기업이 공급사슬의 모든 것을 담당하고 소유해야 했던 과거와는 달리, 지금은 작은 기업이라도 특정 분야의 전문성을 갖추었다면 네트워크라는 팀의 일원으로 글로벌 시장에서 경쟁하는 것이 가능해졌기 때문이다.

과연, 우리의 기업들은 평평한 세상이 제공하는 기회를 활용할 준비가 충분히 되어 있는지 점검해볼 시점이다.

지구는 우리가 지킨다, 스토니필드

이민훈

2009년, 한창 불황이던 미국에서 사람들의 눈길을 사로잡은 신문 기사가 있었다. 바로 "불황에도 유기농 식품 열기가 거세다."는 내용의 기사였다.[33]

《뉴욕타임스》는 영부인 미셸 오바마 Michelle Obama가 백악관에 텃밭을 만들어서 유기농 채소를 재배하는 모습을 공개했다. 경제위기로 어려움을 겪는 소비자들도 "마음이 약해질수록 건강을 돌보아야 한다."면서 유기농 식품에 대한 열풍을 이어갔다. 덕분에 친환경 유기농법으로 재배한 각종 채소와 과일, 매장에서 직접 갈아 만든 생과일 주스, 유기농 코코아로 만든 미식가 초콜릿, 유기농 와인 등이 상대적으로 비싼 가격에도 불구하고 날개 돋친 듯 팔려 나갔다.

유기농 식품 열풍에는 이 시장을 주도해온 스토니필드 팜Stonyfield Farm이 있다. 스토니필드 팜은 세계 최대 유기농 요구르트 제조업체로 최근 10년간 매출이 매년 25% 이상 꾸준히 성장했다.

하지만 스토니필드 팜이 탄생한 1983년 당시에는 사람들의 주목을 끌지 못했다. 지금은 건강과 환경에 대한 관심이 보편화되었지만, 당시만 해도 유기농을 부르짖는 일부 소비자들은 건강에 유별나게 신경 쓰는 까다로운 집단으로 간주되었다.

이런 시대적인 분위기에서 스토니필드 팜은 어떻게 성장할 수 있었을까?

오직 지속가능한 실천만이 지구를 구할 수 있다

무엇보다 먼저, 그들에게는 결코 굽힐 수 없는 확고한 꿈이 있었다.

스토니필드 팜은 한마디로 "오직 지속가능한 실천만이 지구를 구할 수 있다."는 믿음에서 탄생했다. 최고경영자인 게리 허쉬버그Gary Hirshberg는 고향인 뉴햄프셔가 폐수와 스모그로 고통받는 것을 경험하면서 환경보호주의자가 되기로 결심하고 환경학 학위를 받았다.

1970년대 후반 허쉬버그는 매사추세츠 우즈홀에 위치한 생태학 연구소 '뉴 알케미 인스티튜트New Alchemy Institute'의 소장을 지내며 태양열 및 풍력 발전 온실을 이용한 곡물 생산, 화학 비료 없는 식품 생산 등을 연구했다. 그러던 중 사무엘 케이먼Samuel Kamen을 만나 의기투합하게 되고 '지구와 지구인'을 지키는 새로운 기업, 스토니필드 팜을 출범시켰다.

이렇게 드높은 이상을 품고 출발했지만 유기농의 중요성을 인정해주는 이는 많지 않았고 가격도 비싸, 살아남기가 쉽지 않았다. 1980년대 중반 스토니필드 팜의 직원은 10명 정도에 불과했다. 그들은 화학비료와 살충제를 쓰지 않은 값비싼 유기농 사료를 어렵게 구해 젖소 19마리를 길렀다. 신선함을 유지하기 위해 매일 두 번씩 직접 젖을 짜서 요구르트를 만들었다. 하지만 보람은 크지 않았다. 은행들은 대출을 꺼렸고 몇몇 주주들은 노골적으로 불신감을 드러냈다.

고민 끝에 허쉬버그는 스스로를 CE-Yo 'CEO' + 'Yogurt' 로 자칭[34]하고, '맛도 뛰어나고 건강에도 좋은' 요구르트를 소비자 손에 직접 쥐어주기로 결정했다. 광고 모델을 기용한 천편일률적인 TV 광고 대신, 스토니필드 직원들이 직접 나서기로 했다. 조그만 유통점에서 홍보를 시작해, 고객은 물론 유통점의 제품별 매니저, 계산대 직원, 납품업체 직원까지 눈에 띄는 모든 이를 대상으로 제품을 홍보했다. 때로는 물건을 사주는 사람에게 무료로 세차까지 해주었다.

허쉬버그는 당시의 돈키호테 같은 무모함과 순수함이 곧 "고객과의 성공적인 악수"가 되었다고 회고한다. 상품에 대한 순수하고 정직한 약속이 상호 간에 암묵적으로 형성된 것이다.

고객에게 자부심을 부여하다

돈키호테식 홍보의 효과를 극대화하기 위해 스토니필드 팜은 고객에게 '자부심을 부여하는 작업'에 초점을 맞췄다. 이것은 "고객들이 우리 회사와 제품에 대해 기분 좋게 느끼도록 하는 것이 마케팅의 핵심"이라는 허쉬버그 사장의 생각에서 비롯된 것이다.

가령, 대중교통 이용 승객에게 "여러분의 통근에 축복이 함께하기를! 지구 살리기 운동을 돕는 당신께 감사드립니다!" 혹은 "큰 삶을 영위하되 작은 차를 모십시오." 등의 문구가 적힌 카드와 함께 요구르트를 나눠줬다. 교통량이 많은 교차로에서는 "우리는 통통한 것이 좋습니다."라는 팻말을 흔들며 요구르트와 함께 진실의 카드를 나눠주었다. 이 진실의 카드에는 "자동차 대신 지하철로 통근하면 매년 1인당 20킬로그램의 오염물질 배출을 막을 수 있다." "자동차 타이어에 공기를 통통하게 채워주면 미국의 연료 효율이 휘발유

1리터당 1킬로미터 증가한다. 이는 알래스카 국립야생동물 공원의 석유생산량과 맞먹는다." 등과 같은 정보가 담겨 있었다.

이런 정보를 본 소비자들은 "내가 잘 살고 있구나" "내가 올바르게 살고 있구나" 하는 자부심을 가졌다. 그러면서 스토니필드 팜 요구르트를 살 때 다른 요구르트보다 비싼 돈을 지불하는 것을 기꺼이 받아들였다.

또한 홈페이지를 통해 소비자들이 유기농 젖소는 물론, 제품이 생산되는 과정을 직접 볼 수 있게 했다. 덕분에 영국과 캐나다, 프랑스에도 진출할 정도로 인기가 높아졌다.

착한 기업도 성공할 수 있다

특히 스토니필드 팜은 환경보호가 손해가 아닌 이익이란 것을 몸소 보여주었다. 친환경 기업으로서 그들의 노력은 대단하다. 먼저 보통의 공장보다 비용을 15%나 더 들여 오수 예비 처리 공장을 지었다. 난방시설도 천연가스 보일러로 바꿨다. 이로써 전기를 10년에 걸쳐 4,600만 킬로와트 절약할 수 있었다.[35]

2004년에는 수십만 달러를 들여 공장 지붕에 태양광 발전판을 설치했는데, 유가 상승으로 투자비를 예상보다 빠르게 회수하고 있다. 제품의 플라스틱 뚜껑도 포일로 바꾸었는데, 자재 절약으로 이익이 100만 달러나 늘었다고 한다.

덕분에 스토니필드 팜은 시설 에너지 사용면에서 CO_2 방출을 100% 상쇄하는 미국 최초의 기업이 되었다. 당장의 이익보다는 미래를 생각하는 투자와 강력한 소신이 오늘의 스토니필드 팜을 만들어준 것이다. 이러한 노력이 결실을 맺어 스토니필드 팜의 매출은 2008년 기준 3억 3,000달러를 기록했다.[36]

친환경 유기농에 대한 관심이 높아지면서 허쉬버그는 "과거에는 사업으로 치부할 수도 없었던 분야였지만 오랫동안 세상을 바꾸겠다는 우리의 오랜 꿈이 실현되고 있다."라고 말했다.[37]

'착한 기업도 성공할 수 있다'는 점, 바로 스토니필드 팜이 전하는 진실이다. 스토니필드 팜을 통해 우리 마음이 과연 진심인지, 순수한 열정으로 고객에게 다가가고 있는지 다시 한 번 돌아보아야 할 것이다.

낯선 1등! 비지오의 상식파괴 전략

신형원

세계 최대 가전 시장은 미국이다. 그 때문에 미국 시장에서 1위를 한다는 것은 그만큼 의미가 크다. 시장조사업체 아이서플라이^{iSuppli}는 2009년 미국에서 LCD TV를 가장 많이 판매한 업체를 발표했는데,[38] 그 결과는 많은 이들에게 놀라움을 주었다. 그 주인공이 낯설기까지 한 이름의 신생 기업이었기 때문이다. 미국 시장에 돌풍을 몰고 온 주역, 바로 비지오^{Visio}이다. 비지오는 2009년에 무려 592만 대의 LCD TV를 팔아 미국 시장에서 수량 기준으로 1위를 차지했다.

비지오는 2002년에 설립되어 2003년부터 제품을 내놓기 시작한 젊은 기업이다. 당시 1,700만 달러를 기록했던 매출은 2009년에 25억 달러로 증가해 6년 사이 150배 가까이 성장하는 놀라운 성과를 보이고 있다. 그 결과 삼성, LG, 소니의 뒤를 이어 세계 시장 순위 6위에 올라섰다. 어떻게 이런 성공이 가능했을까?

생산 공장도, 기술 개발도 없다?!

비지오는 생산 공장이 없다. 기술을 보유하고 있거나 개발하지도 않는다. 2010년 현재 직원 수는 196명에 불과하며, 기획, 디자인, 마케팅 부서만 존재한다.[39] 부품은 외부에서, 조립은 생산 전문업체가 하고 있다. 그런데 여기에 비지오의 강점이 있다. 구조가 이렇다 보니 제조원가를 낮출 수 있어서 경쟁사보다 평균 20~30%, 최고 50%까지 LCD TV를 싸게 판매하는 게 가능했다. 한마디로 우리가 이미 잘 알고 있는 '아웃소싱'을 통해 '네트워크형 비즈니스 모델'을 성공적으로 구축한 것이다.

그렇다면 단지 이뿐일까? 과연 비지오만의 성공비결이 무엇인지 좀 더 구체적으로 알아보자.

첫째, 비지오는 평판 TV 산업의 특징을 이용해 최고의 업체들과 네트워킹을 구성했다. 평판 TV 산업은 이미 기술 표준화와 모듈화가 이루어졌기 때문에 규격과 사양만 정확히 요구하면 그에 따른 기능과 품질이 나올 수 있는 산업이다. 비지오는 바로 이 점을 주목했다.

비지오는 LCD 패널과 전자 부품은 한국과 대만에서 조달하고, 조립은 중국 등의 경험 많은 생산 전문 기업들에게 위탁한다. 보통 아웃소싱을 하면 품질 저하가 가장 우려되는데, 부품이면 부품, 조립이면 조립 등 각 가치사슬에서 최고의 기업과만 협력함으로써 품질을 유지했다.

둘째, 비지오는 기존 업체들과 다른 판매 포인트를 잡았다. 보통 평판 TV 제조업체들은 유통 마진을 많이 남기면서 전자제품을 전문으로 취급하는 유통 채널을 확보하고 있다. 우리나라의 경우 디지털플라자나 하이마트 같은 곳이 여기에 해당한다. 하지만 비지오는 코스트코Costco 같은 창고형 할인 매장을 거점으로 잡았다. 결과는 어땠을까?

비지오는 유통 채널 자체에서도 가격을 낮출 수 있었고, 그에 따라 소비자들에게 확실하게 가격으로 어필할 수 있었다. 비지오의 CEO 윌리엄 왕William Wang은 "유통망이 결국 승부수였다. 경쟁력 있는 가격 확보는 유통에서 결정됐다."라고 말한다.[40]

나아가 비지오는 유통업체에 자사 제품의 패키징과 마케팅 포인트를 과감히 맡겼다. 유통업체들이 소비자를 더 잘 안다고 보았기 때문이다.

셋째는 조금 독특한 전략인데, 비지오는 혁신 제품을 내놓으려 애쓰지 않았다. 첨단 제조업에서 후발 기업이 선두

기업을 따라잡을 수 있는 방법은 하나다. 선두 기업이 기술을 개발하고 시장을 창조하면 후발 기업은 기술이 범용화되고 시장이 커진 상태에서 낮은 가격으로 진입해 점차 브랜드력을 쌓는 것이다.

후발 기업이자 신생 기업인 비지오 역시 이 방식을 충실히 따랐다. 한 번도 시장을 선도하는 신제품을 내놓은 적이 없다. 화면 사이즈를 키우는 경쟁을 하거나 LED TV 등을 앞서 출시한 적도 없다.

후발 기업으로서 혁신 제품보다는 가격과 품질에서 우위를 가지며 시장에서 인지도를 쌓아가는 방식은 과거에 후발자였던 일본과 한국의 전자 기업이 취한 방식과 같다. 다만, 노동력이 아닌 네트워크로 가격을 낮춘 것이 다른 점이다.

미래 비즈니스의 성패는 새로운 핵심 역량이 결정한다

비지오 사례를 보면서 보통 이런 의문을 가질 것이다. 자체적인 핵심 역량 없이 가격만을 무기로 내세운다면 과연 유사한 방식의 경쟁자가 나타났을 때 당해낼 수 있을까? 그러나 비지오가 증명하고 있듯이, 내재화된 생산이나 기술, 유통만이 핵심 역량은 아니다.

미래 비즈니스 환경에서는 필요한 부문을 그때그때 조달해서 최적의 조합으로 네트워크를 만드는 역량이 가장 중요할 수 있다. 특히 표준화된 모듈 생산 단위가 있고, 시장이 급변하는 산업이라면 비지오의 네트워크 비즈니스 모델을 더욱 진지하게 고려할 필요가 있을 것이다.

　　이제 기업들은 혼자서 모든 것을 다 하기에는 변화의 속도가 너무나 빠른 환경에 둘러싸여 있다. TV 시장에서 독창적인 '네트워크 비즈니스' 모델을 구축해 선두를 달리는 비지오를 보면서, 미래의 더욱 빠르게 변화할 비즈니스 환경에서 성공하기 위해 무엇이 필요한지 그 '힌트'를 얻어야 할 것이다.

SERICEO 실전경영 02

- 어디서든 빛난다! 스와로브스키 •완벽이란 이런 것, 앱솔루트 보드카 •명품 가전 밀레의 '포에버' 정신 •네슬레, 50년 뿌린 씨앗 거두다 •고흐의 마음을 훔친 연필 한 자루 •샤프에 엔진을 달다, 쿠루토가 •아메리칸 걸, 그녀들만의 비밀 •스타일을 짓는다, 크레이트앤배럴 •알코올 0% 맥주, 불가능에 도전한 기린 •상추로 매출 100억, 장안농장의 뚝심 경영 •세계를 제패한 한국 강소기업 3선

제2장

완벽에의 고집이 명품을 만든다

어디서든 빛난다! 스와로브스키

홍선영

미국 테네시산産 생수, '블링 h2O bling h2O'는 750ml 한 병에 무려 35달러에 달한다. 보통 생수의 70배에 이르는 놀라운 가격이다. 그런데 이보다 더 비싼 생수도 있다. 일본 필리코 Fillico사는 100달러가 넘는 생수 '비버리 힐스Beverly Hills'를 판매하고 있다. 엄청난 고가여서 누가 살까 싶지만 의외로 없어서 못 팔 지경이라고 한다.

    단지 깨끗한 물맛과 좋은 품질 때문에 비싼 것이 아니라 이 생수들에는 특별한 것이 있다. 그 비밀은 바로 '스와로브스키Swarovski'이다. 이 생수들은 섬세하게 반짝이는 스와로브스키 크리스털로 장식된 병 속에 담겨 있는데, 그로 인해 더 큰 호응을 얻고 있다. 스와로브스키를 이용한 제품은 이

스와로브스키의 크리스털이 박힌 생수병들. 이들 프리미엄 생수는 고가에도 불구하고 인기가 높다.

뿐이 아니다. 심지어 키 클로젯www.keycloset.com이라는 한 브랜드에서는 스와로브스키로 장식한 청바지를 1만 달러에 판다고 한다.

이러한 높은 인기와 가치 때문에 큐빅과 크리스털의 차이를 잘 모르는 사람들도 '스와로브스키'라는 브랜드에 대해서는 한 번쯤 들어보았을 것이다. 요즘 스와로브스키는 냉장고, 노트북, MP3, LCD 텔레비전과 이불까지 어느 곳에서든 볼 수 있을 정도로 대중화되어 있다. 또한 페넬로페 크루즈Penelope Cruz, 샤론 스톤Sharon Stone 같은 할리우드 스타들의 사랑을 받아 함께 레드카펫 위를 걷기도 하고, 〈오페라의 유령〉, 〈007〉 같은 영화에도 빠지지 않고 등장한다.

얼마 전 아부다비Abu Dhabi에 지어진 초호화 호텔 에미리츠 팰리스Emirates Palace에는 스와로브스키로 만든 샹들리에 1,200개가 설치돼 화제가 되기도 했다. 이처럼 전 세계 곳곳에서 반짝이는 스와로브스키의 매력은 무엇일까? 도대체 왜 수많은 기업들이 스와로브스키에 손을 내밀까?

완벽한 크리스털을 향한 집착

스와로브스키의 중요한 성공비결은 오랜 세월 지켜온 '언제, 어디에서든 빛나는 완벽한 크리스털을 창조해낸다'는 기업철학에 있다. 이는 곧 최고의 제품 기술력을 지향한다는 뜻이다.

반짝이는 모든 것이 금은 아니다. 하지만 스와로브스키는 모래알에서 금을 발견한 것처럼, 크리스털에 보석의 가치를 불어넣었다.

스와로브스키는 원래 크리스털 컷팅 기계와 망원경, 조명기구 등을 생산하는 오스트리아 기업으로 1895년에 설립되었다. 그들은 '세계에서 가장 정교하고 완벽한 크리스털을 만드는 기업'이라는, 작지만 원대한 목표를 세우고 그것을 이루기 위해 최선을 다했다.

그러한 노력 덕분에 스와로브스키는 1931년 크리스털이 박힌 봉제용 리본인 트리밍^{Trimmings}을 출시할 수 있었고, 1956년에는 크리스챤 디올과 협력해서 크리스털에 무지갯빛 광채를 더하는 AB$^{Aurora\ Borealis}$ 효과를 얻을 수 있었다. 또

1975년에는 열접착으로 크리스털을 다양한 재료에 적용할 수 있는 핫 픽스$^{Hot\ Fix}$ 기술을, 2004년에는 다양한 단면으로 더 많은 광채를 얻는 씰리온^{XILION} 등을 개발할 수 있었다.[1]

이는 "좋은 것을 더 좋게 만든다"는 그들의 목표처럼, 단순히 보석을 세공하는 차원을 넘어 옷이나 금속, 종이를 가리지 않고 언제 어디서든 빛나는 크리스털의 아름다움이 보태질 수 있도록 최선을 다한 것이다. 그러자 거래처들은 자연스럽게 '스와로브스키가 닿으면 새로운 기회가 열린다'는 인식을 갖게 되었다.

스와로브스키가 생산하는 크리스털 제품은 인테리어, 조명, 패션 등 다양한 분야에 활용되며, 심지어 예술작품에도 응용되고 있다. 완벽한 크리스털에 대한 집념으로 독보적인 크리스털 가공회사로 성장한 스와로브스키는 주얼리 업계는 물론 패션계와 건축계 등에 새로운 가치와 기회를 선사했을 뿐만 아니라, 업계와 경계를 넘어 다양한 네트워크를 형성하고 있다.

보통의 크리스털은 커팅이 12면이지만 스와로브스키는 28면에 이른다. 그 때문에 투명도와 광택이 탁월할 수밖에 없다. 스와로브스키와 제휴한 제품에는 이러한 기술 차이를 증명하는 스와로브스키의 인증마크가 붙는데, 이는 제품의 가치를 한층 업그레이드시킨다. 제품에 한 단계 더 고급스러운 가치와 이미지를 더해주는데 어떤 기업이 이를

마다하겠는가.

영역 확장의 엔진은 상상력

스와로브스키는 최고의 제품력에 상상력을 더한 예술성으로 끊임없이 영역을 확장하기 위해 도전해왔다.

1976년 스와로브스키는 오스트리아에서 열린 동계올림픽을 기념하여 미키 마우스 모양의 크리스털 장식품을 만들었다. 그런데 당시만 해도 이런 크리스털 장식품이 매우 희귀해서 사람들은 웃돈을 주고서라도 사려고 했고, 덕분에 제품은 순식간에 팔려 나갔다. 그동안 쌓아온 완벽한 세공 기술과 상상력이 만나 기업의 운명을 바꾼 순간이었다.

그 후 스와로브스키는 정교한 커팅 크리스털을 생산하고 판매하는 소재사업부 외에 완제품 크리스털, 주얼리, 패션 액세서리를 생산하는 완제품사업부를 만들고, 상상력이 넘치는 다양한 상품을 출시했다.

스와로브스키는 고슴도치와 고양이 장식품 등 자연에 경의를 표하는 '실버 크리스털Silver Crystal' 라인을 런칭한 뒤, 1989년에는 고품격 패션 명품 브랜드 '다니엘 스와로브스키Daniel Swarovski' 컬렉션을, 1999년에는 정밀 세공한 천연보석 브랜드 '시그니티Signity'를 런칭하였다. 또한 홈 인테리어

(The Selection), 주문형 웨딩드레스(Brial Love & Light Collection), 컴퓨터와 휴대폰 액세서리(Active Crystals Collection) 등 새로운 영역에서 독창적인 제품을 끊임없이 선보이고 있다.

스와로브스키는 2009년에도 '2009 아틀리에'라는 주제로 다양한 제품들을 출시하면서 단순한 제품이 아닌 작품이라는 찬사를 받았다. 그리고 그를 통해 제품이 무엇이든 스와로브스키가 더해지면 더 아름다워지고 빛날 수 있다는 것을 다시 한 번 입증해 보였다. 덕분에 스와로브스키의 전략도 과거 B2B 방식에서 B2C 방식으로까지 확대되어 매출과 브랜드 인지도도 크게 확대되었다.

세상에서 하나뿐인 명품의 유혹

스와로브스키는 희소화, 고급화 전략에서 매우 탁월하고도 유혹적인 면모를 선보였다.

스와로브스키는 보석이 아니라 크리스털이다. 하지만 스와로브스키는 탁월한 고급화 전략으로 최고급 명품 대열에 올라섰다. 값비싼 보석처럼 수량이 한정됐을 때 가치가 가장 높아진다는 것을 꿰뚫어보고 한정 마케팅 전략을 구사해 대성공을 거둔 것이다. 다이아몬드보다 저렴하지만, 그 가치만큼은 절대 떨어지지 않는 스와로브스키에 사람들은 열광했다. 덕분에 1987년부터 등장한 스와로브스키의 마니아 집단은 현재 30개국 40만 회원에 달하는데, 이들만을 위한 넘버드 리미티드 에디션Numbered Limited Edition도 출시된다.

이런 희소화 전략은 패션계에서도 돋보인다. '다니엘 스와로브스키' 컬렉션은 시즌마다 사전 주문 방식으로 제작해서 제품의 희소가치를 높이고 있다. 또한 수년간 칸 영화제와 아카데미 시상식을 후원하고, 국제적인 명성을 지닌 여배우에게 헌정하는 이브닝 백을 제작하기도 했다. 최근에는 멸종 동물을 위한 컬렉션을 선보이기도 하는 등 아름다움의 주제와 소재에 대한 경계를 넓혀가고 있다. 그를 통해 흔한 크리스털이 아니라, 세상에 하나밖에 없는 명품으로 거듭난 것이다.

한편, 기업의 브랜드 철학을 고객과 공유하는 기술도 탁월하다는 점을 빼놓을 수 없다. 오스트리아 티롤 지방에 개장한 스와로브스키 크리스털 월드Swarovski Kristallwelten는 스와로브스키 창조성의 백미라고 할 수 있다. 1995년에 창립 100주년을 기념해 건설된 이 박물관은 4,000평방미터의 공간에서 크리스털로 할 수 있는 모든 것을 보여준다. 그야말로 스와로브스키 상상력의 심장이라 할 수 있는 이곳은 이미 관광지로도 이름 높다. 도쿄 긴자에 위치한, 신비로운 숲을 연상하게 하는 플래그십 스토어flagship store, 체험판매장 역시 온통 크리스털로 꾸며져 있다. 그곳을 방문한 사람들은 그 아

스와로브스키가 창립 100주년을 기념해 세운 박물관 '크리스털 월드'의 모습.
사진 : 홍종화(http://blog.naver.com/vjsl2004)

름다움에 저절로 감탄이 나온다고 한다.

지금까지 살펴본 바와 같이, 스와로브스키가 걸어온 길은 많은 브랜드들이 꿈꾸는 길이기도 하다. 작은 제조업체에서 새로운 가치를 창조하는 기업, 더 나아가 세계 각국의 기업들이 함께하고 싶어 하는 기업으로의 변신은 경이로울 수밖에 없다.

    스와로브스키는 크리스털에서 보석보다 더 아름다운 가치를 보았다. 우리는 제품에서 어떤 가치를, 혹은 어떤 가능성을 보고 있는가?

완벽이란 이런 것, 앱솔루트 보드카

정태수

막걸리 열풍이 거세게 불고 있는 요즘, 막걸리의 세계화에 관한 논의가 활발하게 이어지면서 전 세계적으로 성공한 술에 대한 관심도 높다. 여기 위스키, 코냑, 와인 등 내로라하는 술들을 제치고 주류 시장을 평정한 세계적인 술이 하나 있다. 바로 보드카Vodka이다.

이 보드카 한 잔에 크랜베리 주스를 타서 마실 때의 달콤하면서도 짜릿한 맛은 쉽게 잊기 어렵다. 게다가 보통의 술병과는 전혀 다른 느낌을 주는 보드카 병은 더욱 깊은 인상을 남긴다. 흡사 병원의 링거처럼 생긴 이 술병에는 종이 라벨이 붙어 있지 않다. 완전히 투명한 고급스러운 병에 고풍스러운 음각라벨이 새겨져 있다. 세계 보드카 시장을 평정하고 있는 '앱솔루트 보드카Absolute Vodka'이다.

'완벽하게 순수한 보드카'

보통 '보드카' 하면 '러시아'를 떠올리지만 아이로니컬하게도 앱솔루트 보드카는 스웨덴산이다. 스웨덴산 보드카가 어떻게 러시아의 우랄산맥을 넘어 세계를 제패할 수 있었을까? 차별화하기 힘든 평범한 주종인 보드카가 일반적 등식을 뛰어넘어 폭발적인 인기를 얻은 비결은 과연 무엇일까?

사실 스웨덴도 러시아 못지않게 추운 나라다. 그 때문에 15세기부터 추운 겨울을 나기 위해 보드카 제조가 발달했다고 한다. 그러다가 스웨덴 발명가인 라르 올슨 스미스Lars Olsson Smith가 1897년 처음으로 보드카를 상업적으로 제조하기 시작했다. 그는 수백 회의 증류 과정을 거쳐 무색의 투명한 보드카를 만들어냈고, 이는 'Absolute Pure Vodka', 즉 '완벽하게 순수한 보드카'라고 불리며 큰 인기를 끌었다.

1980년대 초 앱솔루트 보드카는 스웨덴 내수 시장만으로는 매출을 확대하기 어렵다고 판단해 세계 진출을 시도했다. 그 첫 번째 타깃으로 삼은 곳이 싸구려 보드카가 대부분이었던 미국 시장이었다. 그리고 이후 지금까지 미국을 넘어 세계적인 '보드카의 절대자'로 자리해오고 있다.

냉전이라는 시대적 상황에서 러시아산 보드카에 비해 상대적 수혜를 누린 것은 사실이지만, 앱솔루트 보드카가 성공한 데에는 그만의 탁월하면서도 선도적인 브랜드 전략이 주효했다. 앱솔루트 보드카의 브랜드 전략은 다음 3가지로 요약할 수 있다.

예술적 아우라를 갖춘, 시대의 아이콘으로 소통하다

첫 번째는 창조적 소통이다.

앱솔루트 보드카가 예술과 제품을 교묘하게 결합시킨 이른바 '아트 제품'의 효시였음을 아는 사람들은 그리 많지 않다. 하지만 앱솔루트 보드카는 과거 30년간 '하나의 예술작품'이라고 해도 과언이 아닌 '광고 걸작' 1,000여 편을 통해 소비자들과 창조적으로 소통해왔다. '20세기 가장 뛰어난 광고 베스트 10'에 선정될 정도로 앱솔루트 보드카가 광고계에서 차지하고 있는 위상은 독보적이다.

앱솔루트 보드카의 전설은 앤디 워홀이라는 당대의 팝아트 거장을 선택하면서 시작되었다. 앤디 워홀은 특유의 스크린 판화 기법으로 앱솔루트 보드카를 표현했고, 그 파급력은 예술성과 상업성의 경계를 흔들어 예술계에 혼란

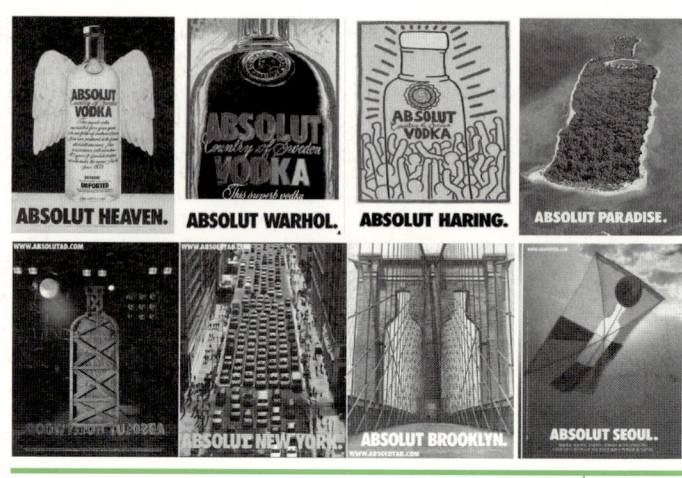

앱솔루트 보드카의 광고들은 단순한 마케팅 수단을 넘어 예술작품으로까지 인정받고 있다.

을 가져올 정도로 대단했다.

앤디 워홀이 또 다른 탁월한 예술가들을 소개하는, 이른바 '네트워킹 효과'가 작동되면서 앱솔루트 광고는 창조적으로 더욱 견고해졌고, 키스 해링Keith Haring에 이르러 앱솔루트 광고는 예술계에서조차 단순히 마케팅 수단이 아닌 작품으로 인정받기 시작했다.

앱솔루트 보드카는 광고 지면을 통해 존 레논John Lennon, 베르사체Gianni Versace, 백남준 등 다양한 세계적 예술가들에게 자유로운 창조적 실험을 허용함으로써 단순한 주류였던 보드카에 '창조'와 '고급'의 이미지를 덧입힐 수 있었다. 게다가 시대를 읽는 촌철살인의 시각으로 당시의 사회 트렌드를 순발력 있게 반영함으로써 보드카로서는 상상할 수 없었던 '예술적 아우라'를 갖추게 되었다. "이렇게 멋진 술을 마시다니!" 그들은 애주가들에게 적지 않은 판타지를 제공한 것이다.

품질의 진정성이 없다면 광고는 공허할 뿐이다

두 번째는 브랜드의 진정성이다.

앱솔루트 보드카 하면 병 디자인이나 광고 캠페인 이야기를 많이 하지만 그것만으로 그들의 성공을 재단해서는 안 된다. 제품력이 없는 화려한 마케팅은 공허할 뿐이기 때문이다. 훌륭한 예술작품을 통해서 고급의 이미지를 포장해온 앱솔루트 보드카이지만, 사실 그들이 무엇보다 강조해온 것은 바로 제품의 진정성이다.

앱솔루트 보드카의 제품 철학은 '원 소스One-Source'이다. 앱솔루트는 스웨덴 남부의 고급 밀 산지인 아후스Ahus에서 재배한 겨울 밀과 자사 소유의 샘에서 퍼 올린 청정수만을 사용해 하루 50만 병을 생산한다.[2]

이는 다른 보드카들이 대부분 밀에 감자, 옥수수, 고구마 등 상대적으로 싼 재료들을 섞어 만드는 것과는 대조적인 모습이다. 원산지, 즉 재료의 생산 환경, 원재료의 품질을 강조하는 방식은 사실 와인, 사케 등 세계적으로 수준 높은 주류의 마케팅 성공방식으로 통용되어왔다. 원 소스 생산방식 역시 같은 맥락에서 이해할 수 있다.

앱솔루트 보드카는 1906년 이래로 106년째 이어지고 있는데, 사실 '완벽'이라는 의미가 담긴 '앱솔루트'의 철학이 바로 제품과 브랜드의 진정성이라고 볼 수 있다.

소비자들에게 믿음과 자부심을 선물하다

마지막은 전 세계 소비자들을 대상으로 '자부심을 부여하는' 가치를 꾸준히 전달했다는 것이다.

앱솔루트 보드카의 광고에는 말이 많지 않다. 'Absolut Vienna', 'Absolut London'처럼 'Absolut ○○' 식의 브랜드와 테마를 가리키는 두 단어로만 이루어진 심플한 메시지가 전부이다. 또한 다양한 매체의 광고 방식보다는 클래식한 지면 광고를 위주로 창의적인 예술적 광고를 발신해왔다. 이렇게 가치를 전달하는 방식이 소비자들에게 믿음과 자부심을 선사하고 있다.

일반적으로 브랜드의 가치, 즉 사람들로부터 인정되는 보편적인 판단 기준은 오랜 세월 동안 변함없이 일관성을 유지하는 데에서 창출되기 마련이다. 그것이 디자인이건, 광고

카피건, 제품 콘셉트이건 간에 말이다. 사람들이 새로 출시되는 애플의 제품에서 매끈하고 심플하면서 직관적인 인터페이스를 기대하듯, 브랜드가 가지는 일관된 콘셉트는 대다수의 글로벌 브랜드에서 보이는 공통적인 특징이다. 사실 이러한 일관성은 쉽게 만들어지지 않을 뿐더러, 리더의 자신감과 고집이 절대적으로 필요한 부분이다.

앱솔루트 보드카 사례에서 더욱 놀라운 것은, 그들이 지금까지 단 한 번도 소비자 니즈에 근거해 마케팅 전략을 펼쳐오지 않았다는 사실이다. 그럼에도 불구하고 앱솔루트 보드카는 미국 마케팅 부문 명예의 전당에 오를 정도로 막강한 마케팅력을 보유하고 있다.

탄탄한 기본기를 바탕으로 예술과의 장벽을 허물고 다양한 창조적 실험을 모색하는 앱솔루트 보드카. 앞으로 또 어떤 광고로 소비자의 창조적 허영심을 충족시키며 소통을 모색할지 기대가 되기도 한다. 살아있는 브랜드 전략으로 100년이 넘게 이어온 앱솔루트 보드카를 보면서, 우리 자신의 브랜드 전략도 다시 한 번 살펴보는 것은 어떨까.

명품 가전 밀레의 '포에버' 정신

김근영

1899년 독일 동북부의 작은 시골마을 헤르체브록Herzebrock에서 두 명의 청년이 버터크림 분리기를 만들어 파는 조그마한 회사 하나를 세웠다. 이 작은 회사는 1904년 세계 최초로 세탁기를 만들고 1929년에는 세계 최초로 식기세척기를 개발하더니, 111년이 지난 2010년 현재에는 매출 28억 유로(약 4조 3,000억 원)에 종업원 1만 6,000여 명을 거느린 세계적인 프리미엄 가전업체로 성장했다.[3] 2007년에는 국제슈퍼브랜드기구의 전문가들이 모여 9,800여 개 브랜드 중 가장 강력한 파워를 지닌 브랜드를 골라 수여하는 '슈퍼브랜드'상을 수상하기도 했다.[4]

한 세기가 넘는 오랜 세월 동안 끊임없이 성장하며 최고의 자리를 지키고 있는 이 회사는 '가전업계의 루이비통'이라 불리는 독일의 밀레^{Miele} 이다.

고가에도 팔리는 이유, 'Forever Better'

밀레는 세계적으로 가장 고가에 팔리는 가전 브랜드 중 하나이다. 세탁기, 냉장고, 식기세척기, 진공청소기 등이 보통 국내 제품보다 2~3배 높은 가격에 판매되고 있다. 이렇게 비싼 가격에도 불구하고 명품 브랜드로서의 명성을 지켜가며 지속적인 사랑을 받아온 이유는 간단하다. 바로 창업 당시부터 밀레의 경영 모토였던 '임머 베서$^{Immer\ Besser}$', 즉 'Forever Better' 정신을 지키고 있기 때문이다.

   밀레는 제품을 출시하기 전 엄격한 품질 테스트를 실시하는 것으로 유명하다. 예를 들어 진공청소기의 경우, 8미터 거리에서의 충돌 테스트, 360도 회전하는 특수제작 기계 안에서 1,000번 이상 떨어뜨리는 낙하 테스트, 1,000시간 이상 모터를 쉬지 않고 가동시키는 과열 테스트 등을 거친다. 그리고 이렇게 축적된 품질에 대한 자신감이 '20년 보증제도'라는 소비자보호제도로 연결된다.

명성을 만드는 원칙, 'Made in Germany'

최고의 품질을 지키기 위해 '메이드 인 독일Made in Germany' 원칙을 고집하는 것도 눈여겨볼 부분이다. 다른 글로벌 업체들이 생산 비용을 줄이기 위해 중국, 동남아 등지에서의 현지생산을 늘린 것과는 대조적으로 밀레는 생산 과정에 대한 철저한 감독과 품질 관리가 우선이라는 이유로 10개 공장 중 9개를 독일에 유지했다. 그나마 해외에 설립한 공장 하나도 같은 문화권에 인접한 오스트리아에 두고 있다. 또 끊임없이 개선하자는 모토대로, 매년 매출액의 6% 정도를 제품 개발에 투자하며 2005년부터 1,600억 원 이상을 R&D 비용으로 투자하고 있다.[5]

밀레의 명성을 만든 중요한 축의 하나로 빼놓을 수 없는 것이 바로 '장인'들의 존재이다. 밀레의 1만 6,000여 명 임직원 중 8,700여 명이 25년 이상 일하고 있는 장기 근속 직원이다. 40년을 넘은 사람도 꽤 있는가 하면, 3~4대째 밀레에서 일하고 있는 가족들도 볼 수 있다. 이직률도 1%대에 불과하다.[6] 사정이 이러하다 보니 이들을 일컬어 '밀레이안Mieleian'이라는 말이 생겼을 정도이다.

그렇다면 밀레이안이 되기 위한 과정은 어떨까? 밀레는 고용과 관련해 생산기술자는 현지 지역사회에서, 연구개발 전문 인력은 전 세계에서 선발한다는 원칙을 갖고 있다. 특히 생산기술자 양성을 위해 '전문 도제 교육 시스템'을 도입하고 있는데, 초중고 의무교육을 마친 16세 이상 청소년들을 대상으로 현장 기술 교육을 실시한 후 희망자 중에서 까다로운 선발 과정을 거쳐 정규 직원을 채용하고 있다.

이렇게 밀레이안이 된 후에도 오랜 경력과 기술력을 갖춘 교육 책임자들이 함께하며 일대일 교육을 지속적으로 실시한다. 또 사내 대학을 통해 현장 실습과 이론 교육을 제공함으로써 어렵게 외부의 대학을 찾아다니지 않아도 고위직 승진에 필요한 '기술학위'를 받을 수 있도록 지원한다. 이렇게 양성된 생산기술자들의 노하우와 숙련된 기술력이 각국에서 온 전문가들의 다양한 아이디어와 결합함으로써 시너지를 창출하는 원천이 되는 것이다.

111년을 지켜온 무분규의 신화

밀레 경쟁력의 밑바탕에는 안정적인 노사관계가 자리하고 있다. 밀레는 창업 이래 111년간 파업이나 노동쟁의 같은 노사갈등을 겪은 적이 없다고 한다. 그 배경으로는, 앞서 언급한 바와 같이 회사에서 마련한 체계적인 교육 시스템과 인력 관리를 들 수 있다. 탄력적 근무 형태나 다양한 복지제도의 운영도 빼놓을 수 없는 요소이다. 하지만 무엇보다 직원들을 하나로 묶는 가장 큰 힘은 '계층의식 없는 가족주의 문화'라고 할 수 있다. 밀레에서는 경영진과 생산기술자, 연구개발자 등 각 분야의 임직원들이 하는 일은 다르지만, 계층은 나누지 않는다.

업무에서도 유연성을 발휘하여 사내 교육 프로그램을 통해 직원들이 언제든지 본인의 적성에 맞는 직종으로 옮길 수 있도록 지원하고 있다. 경영진이 구내식당에서 직원들과 식사하며 직접 건의사항을 듣고 어울리는 모습도 어렵지 않게 볼 수 있는 것이 밀레의 문화다. 권위의식 없는 경영진과 직원들 간에 쌓인, 이러한 오랜 세월의 신뢰가 무분규 신화를 만들어낸 것이다.

오늘의 밀레를 있게 한 원동력은 '무엇이 우리 제품을 최고로 만들 수 있을까'라는 가장 중요한 '본질'에 집중함으로써 자신들에게 가장 적합한 방식과 문화를 찾아냈다는 데 있다. 또한 이를 흔들림 없이 밀고 나간 것 역시 중요한 성장비결임을 잊지 말아야 할 것이다.

네슬레, 50년 뿌린 씨앗 거두다

홍선영

2008년 전 세계에 불어닥친 불황의 여파로 글로벌 기업들 대부분의 실적이 악화된 가운데 한 기업의 활약이 두드러졌다. 바로 1초에 3,000잔이 판매된다는 네스카페Nescafe의 회사, 네슬레Nestle이다.[7] 네슬레는 커피 외에도 킷캣Kitkat 초콜릿, 페리에Perrier 생수 등 6,000여 종의 브랜드, 1만여 가지의 제품을 하루 10억 개 이상 판매하는 세계 최대 식음료 기업이다.

2008년 네슬레의 전년 대비 매출은 2.2%, 순이익은 무려 69%나 증가했다. 네슬레는 이러한 실적을 낼 수 있었던 이유에 대해 "전 세계 84개국에 진출한 글로벌화의 성공"이라

《포브스》 선정 2008년 세계 2000대 기업 중 상위 10대 식품기업

(단위: 십억 달러)

순위	전체순위	기업명	국가	매출	이익
1	45	Nestle	스위스	94.76	9.38
2	88	Altria Group	미국	38.05	9.16
3	94	Unilever	네덜란드/영국	54.82	5.30
4	123	Coca-Cola	미국	28.86	5.98
5	131	PepsiCo	미국	39.47	5.66
6	153	Kraft Foods	미국	37.24	2.59
7	181	British Amer Tobacco	영국	19.88	4.23
8	191	InBev	벨기에	21.07	3.21
9	212	Archer Daniels	미국	52.92	2.23
10	254	Diageo	영국	15.02	2.99

자료 : The Global 2000 (2008. 4. 2). *Forbes*. 〈http://www.forbes.com〉

고 밝힌 바 있다.[8] 해외시장의 매출 비중이 98%에 달하는 네슬레의 글로벌화 성공비결을 신흥국 진출 전략을 통해 알아보자.[9]

현지조달 능력을 키워라

첫째, 네슬레는 저가격에 고품질의 원료를 확보하는 현지조달 능력을 키웠다.

저소득층이 많은 신흥국은 당연히 저가 제품에 대한 수요가 많다. 그래서 가격을 낮출 수 있는 가격 경쟁력이 무엇

보다 중요하고, 그 원천이 되는 것이 바로 '현지조달'이다. 현지에서 원료를 조달할 경우, 운송비와 수입관세를 줄일 수 있을 뿐 아니라 농가에 생산성 개선을 위한 지도를 직접 할 수 있기 때문이다.

　대표적인 예로, 네슬레는 상품의 주원료인 우유를 인도의 모가Moga 밀크 지역 생산 농가들로부터 얻고 있다. 그것도 1961년부터 무려 50년 동안 이 지역에서 우유를 조달받고 있다. 네슬레는 농업 전문가와 함께 이곳 지역 주민들을 대상으로 정기적인 연구회를 개최하면서 실질적인 교육과 시설 보완을 꾸준히 실시하고 있다. 예를 들면, 우유의 생산성과 품질을 높이기 위해 소의 건강관리, 치료법 등을 교육하는 한편, 품질 유지를 위해 모든 우유 집하장에 냉장 탱크를 제공했다. 또 불안정한 전력을 보완하기 위해 태양열 집열판과 가축 분뇨를 전력으로 바꾸는 장치를 설치하기도 했다. 나아가 장기적 관점에서 우수한 농민을 선발해 미국의 대규모 농장으로 연수를 보내는 제도도 실행하고 있다.

　이미 중국과 남미, 아프리카 등 29개국에서 전개되고 있는 이러한 현지조달 방식은 매년 73억 달러에 달하는 농작물을 조달할 만큼 높은 성과를 보이고 있다.

현지 소비자를 이해하라

둘째로, 네슬레는 현지 소비자에 대해 깊이 이해하는 전략을 펼쳤다.

네슬레는 8년 전부터 신흥국 저소득층을 대상으로 한 소포장 형태의 보급형 상품을 주력으로 내세우고 있다. 이러한 상품의 개발 배경에는 소비자의 생활을 깊숙하고 철저하게 파고드는 노력이 한몫했다.

네슬레의 마케팅 부문에는 소비자의 잠재 니즈를 찾아내는 '컨슈머 인사이트Consumer Insight' 담당자가 따로 있다. 이 담당자는 1년 중 며칠을 상품의 타깃 고객과 함께 지내며 그들의 생활방식을 면밀히 분석한다.

소포장 PPPPopularly Positioned Product 상품 역시 이러한 활동을 통해 왜 개발해야 하는지에 대한 분명한 이유를 찾게 되었다. 신흥국의 저소득층은 대부분 아직도 냉장고가 없어 식품을 장기간 보존하기 어렵고, 또 집이 좁아 보관 장소도 한정적이라는 사실을 인식한 것이다.

실제 현지민들은 이런 이유로 하루에 보통 2번 정도 장을 본다고 한다. 이런 소비자들의 니즈를 반영한 PPP 상품 중 하나가 커피용 가루우유인 '에브리데이'이다. 일반 제품은 475그램의 대형 포장을 106루피에 판매하지만 소포장 PPP 상품은 40그램으로 포장해 10분의 1 가격(10루피)에 판매하였다. 이런 콘셉트의 제품들은 신흥국 소비자들의 지지는 물론 불황 속 선진국에서도 호응을 얻어 매출 성장률이 27.4%에 달하고 있다.[10]

지역사회의 발전에 기여하라

셋째, 네슬레는 지역사회의 발전에 기여함으로써 신뢰관계를 형성하기 위해 노력했다.

앞서 언급한 인도의 모가 밀크 지구를 예로 들면, 이 지역에서 무려 2,500여 개나 되는 마을이 네슬레에 우유를 납품하고 있다. 그런데 이 지역은 정치적으로 불안정하여 네슬레의 우유 집하 트럭은 항상 습격당할 위험에 노출되어 있다. 그럼에도 불구하고 지금까지 우유 집하 작업이 중단된 적은 단 한 번도 없다고 한다. 이것은 네슬레가 지난 50년간 지역민들에게 안정적인 수익을 보장해주고 지역의 경제적 자립을 지원하는 등 지역민의 '신뢰'를 얻었기 때문이다.

대표적인 예로 지역 농가와 네슬레 간에는 특별히 계약서를 쓰지 않는다. 대신 농민들이 우유를 납품할 때마다 지방 함유율과 중량을 노트에 일일이 기록하고 또 우유 집하장 책임자가 대장에 기입하도록 되어 있을 뿐이다. 그리고 우유 집하장 책임자는 이 노트와 대장을 대조해 네슬레가 매월 15일마다 어김없이 보내오는 우유대금을 농가에 일일이 현금으로 전달한다. 이러한 방식이 꾸준히 지속되자 사람들 사이에 '우유를 가져다 주면 반드시 현금을 준다'는 신뢰가 뿌리내리게 되었다.

이처럼 안정적인 수입원이 필요한 농가와 지속적인 수익기반을 확보하려는 네슬레 간에 자연스럽게 형성된 '50년의 윈윈 신뢰관계'는 네슬레의 성장을 뒷받침하는 가장 중요한 원동력이 되고 있다.

지금까지 언급한 네슬레의 신흥시장 진출 전략을 종합해보면 결론은 간단하다. "네슬레가 있어야 우리도 먹고 살 수 있다"고 말할 정도의 '공생'인 것이다. 나라별 혹은 지역별로 다른 입맛을 만족시키기 위해 끊임없이 고객을 가까이에서 연구하고, 또 그들과의 공생관계를 토대로 신뢰를 구축한 네슬레의 노력이 바로 불황에도 지속적인 성장을 유지할 수 있는 비결이었다.

고흐의 마음을 훔친 연필 한 자루

이승현

"이 연필은 이상적이라고 할 만큼 단단하면서도 매우 부드러워. 목공용 연필보다 색감도 훨씬 좋지. 언젠가, 재봉사 소녀를 그릴 때 이 연필을 썼는데, 석판화 같은 느낌이 정말 만족스럽더라고. 게다가 한 자루에 20센트밖에 안 해."[11]

빈센트 반 고흐Vincent van Gogh가 친구 안톤 반 라파르트Anton van Rappard에게 보낸 편지 중 한 부분이다. '반 고흐' 하면, 고뇌에 찬 예술가 이미지가 강한데, 도대체 연필이 얼마나 맘에 들었기에 이렇게 칭찬을 아끼지 않은 걸까?

이처럼 고흐의 마음을 완벽하게 훔친 연필은 바로 '파버 카스텔Faber-Castell'이다. 보통 '파버'라고 불리는 이 연필은 그야말로 빅 히트 상품으로, 19세기 중반 유럽에서는 연필

파버 카스텔이 창립 240주년 기념으로 출시한 한정판 연필. 9,000유로라는 고가에도 불구하고 순식간에 동이 났다.
자료: http://www.faber-castell.co.kr

을 아예 '파버'라고 불렀다. 요컨대, 연필을 가리키는 보통명사로 쓰일 정도였던 것이다.

파버 카스텔은 1761년에 카스파르 파버Kaspar Faber라는 캐비닛 제조사로 출발해 200년을 넘긴 지 이미 오래이지만, 놀랍게도 오늘날까지 그 인기를 지속하고 있다. 2001년에는 창립 240주년 기념으로 '퍼펙트 연필' 한정판을 출시했는데, 백금과 다이아몬드로 장식된 이 연필의 가격은 한 자루에 자그마치 9,000유로, 우리 돈으로는 1,300만 원이 넘었다. 이 연필은 한정판으로 99개만 만들었는데 순식간에 동이 났다.

아무리 명품이라 해도 그렇지, 어떻게 이런 일이 가능할까? 파버 카스텔은 어떤 기업이기에 이토록 오랜 세월 끊임없이 사랑받는 걸까? 파버 카스텔이 사랑받는 이유를 살펴보자.

연필의 표준을 만들다

첫째, 파버 카스텔은 제품을 넘어 표준을 만들었다.

좋은 제품을 만들기보다 어려운 것은, 누구나 인정하는 명품을 만드는 것이고, 그보다 더 어려운 것은 '표준'을 만드는 것, 곧 표준이 되는 것이다.

1760년대 초반까지만 해도 파버 카스텔은 별 볼일 없는 연필공장에 불과했다. 그도 그럴 것이, 다른 제품과 마찬가지로 파버 역시 연필심의 강도와 굵기 등에 편차가 심했기 때문이다. 그래서 고객들은 잘 익은 수박을 고르듯, 연필 고르는 법을 익혀야 했을 정도였다.

우리가 알고 있다시피 연필의 표준은 HB다. 그리고 연필심의 경도에 따라 2H, H, HB, 4B 등으로 구분된다. 이러한 표준을 세운 것이 바로 파버 카스텔이다. 또한 연필이 책상에서 굴러 떨어지지 않도록 최초로 육각형 모양으로 만든 것 역시 파버 카스텔이다.

파버 카스텔이 만든 이러한 규격은 연필의 통일된 표준으로 자리 잡으며 순식간에 널리 퍼져 나갔다. 그리고 이를 통해 파버 카스텔은 흔한 연필 생산업체 중 하나에서 중심업체로 부상할 수 있었다.

연필은 문자를 적는 도구가 아니라 생각을 여는 창이다

둘째, 파버 카스텔은 연필에 대해 남다른 생각을 품었다.

생각이 다르면 접근방법이 달라지고, 접근법이 다르면 제품이 달라지는 법이다. 대부분의 연필회사들이 '연필은 문자를 적는 도구'라고 생각했지만, 파버 카스텔은 달랐다. 연필이란 그저 그런 필기구가 아니라 '생각을 여는 창'이라고 생각한 것이다.

연필을 '문자를 적는 도구'라고 생각하는 기업은 그 수준밖에 만들지 못할 테지만, 연필을 '생각을 여는 창'이라고 생각하는 기업은 다를 수밖에 없다. '생각을 여는 연필'을 만들기 위해 고민하다 보면 생각의 방향이 달라지고, 전혀 상상하지 못했던 '새로운 연필'도 만들 수 있게 되는 것이다.

이를 테면 "생각을 여는 연필은, 필기감이 부드러운 연필이다. 글을 쓸 때 필기감이 좋지 않으면 거기에 신경 쓰느라 집중이 잘 되지 않기 때문이다." 또 "생각을 여는 연필은, 연필심이 잘 부러지지 않는 단단한 연필이다. 연필심이 부러질 때마다 생각의 맥도 뚝뚝 끊기기 때문이다." 이런 식으로, 파버 카스텔은 생각을 여는 최고의 연필을 만들기 위해 노력했다.

흑연과 점토의 배합 비율을 수없이 바꾸어가며 부드러우

면서도 단단한 느낌을 주는 파버 카스텔 특유의 필기감을 만들 수 있었던 것도, 브라질 삼나무를 이용해 잡았을 때 따뜻한 촉감을 주는 연필을 만들 수 있었던 것도 바로 여기에서 출발한 것이다.

가장 큰 적은 '성공에 만족하는 것'이다

셋째, 파버 카스텔은 겸손했다. 그래서 성공의 덫에 걸리지 않고, 끊임없이 변화와 발전을 지속할 수 있었다.

많은 기업들이 현재의 성공에 안주해 변화에 뒤처지고 경쟁 대열에서 낙오한다. 수십 년, 나아가 100여 년 이상 히트하고 있는 상품을 보유한 파버 카스텔도 그러한 유혹이 있었을 것이다. 그러나 파버 카스텔은 성공에 만족하지 않고 끊임없는 변화를 추구했다.

2000년에는 기존에 스스로 개발해낸 육각형 모델에서 벗어나 삼각형의 단면을 갖고 있되 표면에 오돌도돌한 돌기를 붙여 쉽게 미끄러지지 않도록 만든 신개념 연필인 '그립 2001 Grip 2001'을 출시했다. 이 제품은 여러 개의 국제디자인상[12]을 수상하면서 2000년도 《비즈니스위크》 선정 대표 상품에 뽑힐 정도로 신세대 고객들에게 큰 인기를 불러일으켰다. 또한 최근에는 연필의 본질인 '쓰다'라는 개념을 확장해 마스카라 같은 화장품을 출시하는 등 끊임없는 변화를 추구하고 있다.

살펴본 것처럼 파버 카스텔이 오래도록 사랑받는 비결은 별다를 것이 없다. 어쩌면 기본기 중의 기본이라고도 할 수 있다. 하지만 그 기본을 지킨다는 것, 그것도 오랜 세월 꾸준히 지킨다는 것은 결코 쉽지 않다.
 모두가 알고 있지만 모두가 할 수는 없는 것, 바로 파버 카스텔이 도전하고 있는 일이다.

샤프에 엔진을 달다, 쿠루토가

이승현

글로벌 금융위기로 모두들 우울해하던 2008년 봄, 일본 청소년들의 열광 속에 엄청난 히트를 기록한 제품이 있다. 바로 미쓰비시연필이 내놓은 '쿠루토가 Kuru Toga'라는 샤프다. 쿠루토가는 보통의 평범한 샤프가 아니다. 엔진이 장착된 '회전'하는 샤프인 것이다.

쿠루토가로 글씨를 쓰면 샤프심이 회전하면서 심 끝이 항상 원뿔 모양을 유지한다. 그래서 글씨를 쓸 때 자주 발생하는 편마모 현상, 즉 한쪽 면만 마모되는 것을 방지해준다. 샤프 애호가들은 알겠지만, 샤프로 글씨를 쓰면 글씨가 점점 굵어지거나 중간에 심이 부서지면서 가루가 생기는 일이 종종 생긴다. 모두 편마모 현상 때문이다. 그러나 쿠루토가로

글씨를 쓰면 샤프심이 부러지는 일이 적고 동일한 굵기의 정돈된 글씨를 쓸 수 있다.[13]

2008년 3월 처음 발매된 쿠루토가는 순식간에 300만 개 이상이 판매될 정도로 일본에서 큰 인기를 끌었다. 중고등학교 주변 매장에서는 이 샤프를 사고 싶어도 물건이 없어서 못 사는 대량 품절 사태가 벌어지기도 했다.

레드오션의 전형이라 할 수 있던 일본 문구 시장에서 쿠루토가가 모든 이의 예상을 깨고 히트 상품으로 등극한 비결은 무엇일까?

주변이 아니라 핵심에 집중

첫째, 쿠루토가는 주변이 아닌 핵심에 집중했다.

보통 샤프와 같은 성숙 시장의 경우 제품의 기본적인 성능과 품질 면에서 거의 꼭지점에 도달해 있기 마련이다. 그래서 혁신이 아닌 개선에 집중한다.

글을 쓸 때 잡기 편한 것을 강조했던 파일럿PILOT사의 닥터 그립Dr.Grip이 대표적인 사례이다. 물론 이는 소비자의 요구를 반영한 것이지만 어디까지나 외장 변경에 중심을 둔 주변전략이다. 이러한 주변전략은 유행이 바뀌면 그 효과도 사라진다는 한계가 있다.

반면, 미쓰비시연필은 '필기'라는 샤프의 핵심 기능에 집중했다. '글씨를 더욱 쉽고 예쁘게 쓰려면 어떻게 해야 할까?'라는 본질적인 측면에서 다시 생각한 것이다. 그 결과 샤프심의 편마모 현상에 주목하고 이를 근본적으로 해결할 수 있는 방법을 개발했다.

지독한 완벽주의

둘째, 쿠루토가는 지독한 완벽주의가 낳은 결과이다.

샤프 쿠루토가는 자그마치 8년이라는 끈질긴 개발 과정을 거쳐 탄생한 제품이다. 2000년 초 미쓰비시연필의 개발팀은 편마모 현상을 해결하기 위해 아이디어를 탐색하기 시작했다. 그 결과 2005년 가을, 필압으로 톱니바퀴를 회전시키고 이를 통해 샤프심을 회전시키는 쿠루토가 엔진의 원형을 개발했다.

그러나 거기서 끝나지 않았다. 그때부터 본격적인 제품 개발에 들어갔다. 2006년, 시제품을 사용한 사내 직원들의 앙케트를 시작으로 끝이 보이지 않는 품질 개선에 들어간 것이다.

샤프심의 회전 속도와 톱니바퀴의 저항, 그리고 무게중심을 잡기 위해 끊임없이 테스트를 했다. 이때 제작한 샘플만 5,000개가 넘을 정도였다. 한 획을 쓸 때 9도씩 회전하고, 40획을 쓸 때 샤프심이 한 바퀴 회전하는 쿠루토가의 엔진은 바로 이러한 과정을 거쳐 탄생했다.

그들의 완벽성은 제품을 완성한 것에서 그치지 않았다. 놀랍게도 2008년 3월, 미쓰비시연필은 시장에 처음 출시한 수십만 개의 쿠루토가 전부에 대해 톱니바퀴가 제대로 회전하는지를 검사하는, 이른바 전수검사를 실시했다.[14] 단순해 보일 수 있는 제품의 개발과 출시 이면에 숨어 있는 꼼꼼함이 혀를 내두를 정도다.

타깃에 대한 완벽한 이해와 공략

셋째, 쿠루토가는 타깃을 완벽히 이해하고 공략하고자 했다.

쿠루토가의 타깃은 중고등학생, 즉 청소년이다. 미쓰비시연필은 이들에게 쿠루토가라는 엔진이 달린 샤프를 효과적으로 전하기 위해 다각도로 접근했다.

먼저, '쿠루토가'라는 이름은 톱니바퀴가 돈다는 '크루리くるり'와 심이 날카로워진 상태라는 뜻의 '토가루とがる, 尖る'를 결합한 말이다. 누구나 제품명만 들어도 특징을 알 수 있는 친절한 네이밍이라 할 수 있다.

다음으로, 제품의 외견을 보자면 엔진이라 할 수 있는 톱니바퀴가 있는 부분을 일부러 투명하게 처리했다. 십 회전 기능을 더욱 부각시키고 제품을 사용할 때 실제로 엔진이 돌아가는 모습을 눈으로 볼 수 있게 한 것이다.

　제품 홍보에도 공을 들였다. 매장마다 실제로 움직이는 대형 쿠루토가 엔진을 설치해서 엔진이 장착된 샤프라는 이미지를 강조했다. 또한 회전하는 발레리나를 귀여운 애니메이션 캐릭터로 만들어 쿠루토가를 소개하는 소책자와 동영상으로 제작, 전시하기도 했다.

모두가 '여기까지가 한계'라고 생각할 때, 홀로 '여기부터가 시작'이라고 생각한 쿠루토가. 그 정신으로 일본 샤프 시장에서 일대 파란을 일으킨 쿠루토가를 눈여겨보아야 할 것이다. 그리고 더 이상의 혁신은 없다며 주변만 맴돌고 있는 건 아닌지, 또 고객을 생각한다고 하면서도 정말 고객이 불편하다고 말하는 부분은 외면하고 있는 건 아닌지 한 번쯤 돌아보아야 할 것이다.

아메리칸 걸, 그녀들만의 비밀

정태수

뉴욕의 한 골목, 꼬마 아이들이 몇십 미터씩 줄을 서 있다. 자세히 보니, 아이들 손에는 인형이 하나씩 들려 있다. 바로 이곳에 인형 머리를 손질해주는 미용실이 있고, 인형과 함께 사진을 찍을 수 있는 포토 스튜디오가 있는가 하면, 인형과 함께 식사를 할 수 있는 카페 등의 공간이 있기 때문이다. 할리우드 스타들도 아이들과 함께 즐겨 찾는다는 이곳은 미국 어린 소녀들이 열광하는 '아메리칸 걸 플레이스 American Girl Place'이다.

요즘 뉴욕, 시카고, LA 등 대도시에서는 그야말로 아메리칸 걸 인형이 대유행이라 해도 과언이 아니다. 18인치 크기의 인형 하나가 100달러를 웃돌고, 옷이나 액세서리에 침대와 의자 등 각종 가구 소품까지 갖추려면 400달러 이상이 필요하다. 인형치고는 상당한 고가임에도 불구하고 아메리칸 걸 매장은 연일 장사진을 이룬다.

아메리칸 걸, 그들만의 경쟁력이 무엇이기에 이처럼 아이들이 열광하는 것일까?

자신만의 인생사를 갖고 있는 인형[15]

1986년 위스콘신 주 미들턴에서 조그만 DM Direct-Mail 업체로 출발한 아메리칸 걸은 1998년 바비 인형으로 유명한 마텔 Mattel 사에 합병된 후 지속적인 성장세를 유지하고 있다. 현재는 바비 인형에 이어 마텔의 새로운 히트 브랜드로 자리매김하고 있다.

아메리칸 걸의 첫 번째 성공요인은 스토리텔링 마케팅이다. 그들은 '이야기'의 힘에 주목했다. 그래서 모든 사람들에게 자신만의 인생사가 있듯이 인형에게도 그 인형만의 이야기를 부여했다. 언제, 누가 만들었다는 것이 아니라, 말 그대로 인형의 인생 스토리를 만들어준 것이다. 이를테면 '에디 Addy'란 이름을 가진 인형은 1860년대에 태어난 흑인 소녀인데, 노예로 살다가 노예해방을 경험했다.

재미있게도, 그와 같은 이야기를 책으로까지 만들어 판

'에디'라는 이름의 인형. 아메리칸 걸 인형들은 저마다의 인생 스토리를 가지고 있다.

매한다. 이 책은 단순한 설명이 아니라 충분한 자료와 연구가 뒷받침된 하나의 '소설'이라고 할 수 있다. 에디의 이야기는 저명한 소설가인 코니 포터Connie Potter가 저술했는데, 그만큼 완성도도 높다. 소설과 관련된 상품들도 만들어 판매한다. 예컨대 소설 속 캐릭터가 여행을 떠나면 여행길에 즐겨 사용한 물건을 보여주고 그것을 재현하는 것이다.

한편, 그들은 기존 미디어 마케팅에는 큰 비용을 들이지 않고 《아메리칸 걸》이라는 잡지와 고객 네트워크 등을 활용한 입소문 전략에 주력하여 대성공을 거두었다.

엄마가 먼저 사주고 싶은 인형

아메리칸 걸의 두 번째 성공요인은 엔터테인먼트에 교훈적 요소를 가미했다는 점이다.

아메리칸 걸은 한마디로 엄마가 사주고 싶은, 아니 엄마도 가지고 싶은 인형들이 탄생하는 곳이다. 소녀의 심리뿐 아니라 부모의 심리까지 꿰뚫은 것이다.

아메리칸 걸 인형은 교육자인 로랜드Pleasant T. Rowland에 의해 처음 고안되었다. 그는 연예스타를 꿈꾸는 조숙한 소녀들의 현실이 안타까웠다고 한다. 그래서 교육과 놀이를 함께 할 수 있는 인형놀이는 없을까 고민했고, 소녀다운 순수함과 건전함을 사업모토로 삼았다. 이러한 철학에서 탄생한 것이 바로 아메리칸 걸이다.

아메리칸 걸 제품 중 가장 눈에 띄는 것은 미국 역사의 한 시대를 살았음 직한 가상의 미국 소녀들을 인형화한 아메리칸 걸 컬렉션American Girl Collection 라인이다. 이 인형들을 통해 아이들은 자연스럽게 미국 역사를 배운다. 또한 인형의 소품들을 통해 그 시대를 현실처럼 인식한다. 예를 들어, 1944년 제2차 세계 대전 중에 태어난 몰리Molly는 생기발랄한 애국소녀라는 콘셉트로 만들어졌다.[16] 아이들은 몰리의 이야기를 통해 자연스럽게 2차 세계대전에 대해 알게 된다. 또한 몰리의 옷차림과 행동을 통해 그 시대 사람들의 생활상을 배운다. 이러한 역사와 생활뿐만 아니라 아메리칸 걸 인형에는 교양, 관대한 마음가짐, 상대에 대한 보살핌, 다양성에 대한 존중, 꿈 등의 가치가 담겨 있다.

장인정신으로 무장한 명품 인형

아메리칸 걸의 세 번째 성공요인은 바로 장인정신이 담긴 제품과 서비스이다.

기본적으로 아메리칸 걸 인형의 품질은 정평이 나 있다. 인형 모발부터 다르다. 대부분의 인형은 대량생산을 하기 때문에 박음질로 처리되어 있다. 그런데 아메리칸 걸 인형은 일일이 수작업으로 가발을 제작하여 씌운다는 초기 원칙을 그대로 지키면서 인형 모발에 사실감을 더했다.

옷이며 소품도 역사적 고증과 충분한 지역조사, 연구를 하고 나서야 디자인에 들어간다. 예를 들면, 1764년의 네즈 펄세족 인디언 소녀 카야^{Kaya}의 모카신 신발은 네즈 펄세 부족의 전통 모카신처럼 신발 뒤축에 작은 플립이 달려 있다. 진짜 네즈 펄세족 인디언의 후손이 찾아와 이런 것을 어떻게 알았느냐고 문의했다는 일화도 있다.[17]

인형이 손상되었을 경우에는 '아메리칸 걸 병원'으로 데리고 가면 '아메리칸 걸 의사'가 100% 완벽하게 치료해주는 등 서비스 품질도 탁월하다.[18]

이러한 명품 전략은 새로운 비즈니스 모델을 창출했다. 소품 하나하나도 명품처럼 만들어 효용 주기가 짧은 소품을 통해서도 지속적인 수익을 만들어내고 있는 것이다. 더욱이 가방, 신발, 머리핀부터 상상을 초월할 정도의 제품 라인을 보유하고 있다. 의상만 해도 치어리더 유니폼, 아이스 스케이팅복, 승마복, 여행복, 파티용 드레스까지 다양하게 준비되어 있는데, 가격이 26~35달러에 달해 아이들의 실제 옷 가격과 맞먹는다.

아날로그적 감성을 터치하라

언제부터인가 외로운 현대인의 본질적인 욕구를 감싸주는 상품들이 늘어나고 있다. 점차 기술이 발달되고 현대화되면서 오히려 아날로그적인 감성을 자극하는 상품들이 인기를 끄는 것이다. 아날로그적인 터치를 가미한 디지털 제품이라든지 애완동물의 인기, 그리고 아메리칸 걸 인형의 열풍도 그런 이유일 것이다.

아메리칸 걸처럼 디지털 시대 외로운 현대인의 심리를 잘 캐치하여 비즈니스에 활용한다면, 소비자의 심금을 울리는 상품과 서비스를 만들 수 있을 것이다.

스타일을 짓는다, 크레이트앤배럴

김상범

최근 들어 실속형 소비 트렌드 덕분에 '매스티지masstiage' 브랜드들이 큰 인기를 얻고 있다. 매스티지란 비교적 값이 저렴하면서 감성적 만족을 얻을 수 있는 대중mass적 명품prestige을 말한다. 주로 코치Coach, DKNY, 바나나 리퍼블릭Banana Republic 등 패션 브랜드들이 먼저 떠오를 것이다. 그런데 가구와 인테리어 분야에서도 앞서가는 매스티지 브랜드가 있다. 바로 크레이트앤배럴Crate&Barrel이다.

크레이트앤배럴의 역사는 우연히 시작되었다. 1960년대 초 시카고에서 부동산 중개업을 하던 고든 시걸Gordon Segal과 교사였던 아내 캐롤 시걸Carole Segal은 카브리해로 신혼여행을 떠났다. 그곳에서 새로운 디자인의 접시와 그릇을 보고 반해버린 그들은 카리브 해 인테리어 소품을 고향인 시카고에 들여와 팔기로 결정했다.

우리나라로 치면 신촌과 같은 젊은이들의 거리에 매장을 오픈하자 반응이 가히 폭발적이었다. 당시 자금이 풍족하지 못했던 그들은 수입할 때 제품을 포장한 나무상자와 원통을 그대로 진열대로 사용했다. 그런데 이것이 아예 콘셉트가 되어 '나무상자와 원통', 즉 '크레이트앤배럴'이라는 매장 이름으로 이어졌다.

작은 인테리어 소품점으로 시작한 크레이트앤배럴은 현재 미국에 160여 개의 체인점을 둔 인기 브랜드로 자리매김했다. 과연 크레이트앤배럴만의 매력은 무엇일까?

가구가 아니라 라이프스타일을 팔다

첫째, 크레이트앤배럴은 소비자들에게 최고의 쇼핑 경험을 안겨준다.

"가구가 아니라 라이프스타일을 판매한다." 이것이 크레이트앤배럴의 모토다. 실제로 매장에 가보면 마치 가게가 아니라 인테리어가 잘된 가정을 방문한 기분이 든다. 진열대에 다양한 물품을 늘어놓지 않고 집처럼 꾸몄기 때문이다.

이러한 모토에 맞게 크레이트앤배럴은 사내에 별도의 건

뉴욕의 크레이트앤배럴 매장. 가게가 아니라 인테리어가 잘된 가정을 방문한 기분이 들 만큼 깔끔한 매장이 인상적이다.
사진 : 전선애(http://eringshow.blog.me)

축가를 두어 해당 지역의 특성이나 분위기에 잘 어우러지도록 건물을 짓고 꾸민다. 특히 고객의 흥미를 끌면서 동시에 감성적 만족감을 안겨주기 위해 화려하지만 절제된 실내장식을 선보인다. 거기에 자연채광과 빛의 반사를 혼합한 조명으로 은은한 시각적 효과를 주고 있다.

무엇보다 최고의 쇼핑 경험은 상품 구입 후에 얻는 만족감에서 나온다. 크레이트앤배럴 제품은 다른 곳에서는 좀처럼 볼 수 없는 이국적인 분위기를 풍긴다. 다른 가구업체들이 유럽이나 중국, 일본 스타일의 디자인을 많이 선보이는 것에 비해, 크레이트앤배럴은 태국이나 인도 등 좀처럼 볼 수 없는 제3국의 디자인을 접목하기 때문이다.

고든 시걸은 "이제 사람들은 자주 여행을 다니고 더 넓은 세상을 볼 수 있게 되었다. 다양한 경로로 새로운 문화에 노출됨으로써 중산층 소비자들도 세련된 안목과 품격을 가지고 있다."라고 이야기한다.

고든 시걸은 처음에 자신이 카리브 해의 소품 디자인을 보고 신선한 충격을 받았던 것처럼, 고객들에게 끊임없이 신선한 충격을 주기 위해 노력한다. 크레이트앤배럴은 매년 전 세계 문화를 접목한 새로운 라이프스타일을 10가지 이상 선보이며 최고의 쇼핑 경험을 안겨주고 있다.

저렴하되 유니크한 제품을 고수하다

둘째, 크레이트앤배럴은 소비자들을 절대 과소평가하지 않는다.

크레이트앤배럴은 주로 중산층을 타깃으로 한다. 고급 문화를 함께 향유하되, 보다 많은 사람들이 저렴한 가격에 고품질을 즐긴다는 사실에 집중했다. "크레이트앤배럴의 고객들은 300달러가 아니라 20~30달러 가격의 와인이되, 맛과 품질은 300달러짜리 못지않은 고급 와인을 마신다."라고 고든 시걸은 말한다.

그에 따라 크레이트앤배럴은 저렴한 가격에 유니크한 제

품을 고수한다. 이를 위해 '고객 경험관리 부서'를 따로 두어 고객의 필요를 철저히 분석하고 고객의 의견을 수렴하고 있다. 또한 주기적으로 해외 출장을 다니며 글로벌 구매 조달 경쟁력을 강화하고 있다.

크레이트앤배럴 직원들은 몇 달에 한 번씩은 세계 각지로 다니면서 영감을 얻으며, 협력업체와 지속적으로 커뮤니케이션을 실시한다. 그리고 도매업체, 수입업체, 소매업체로 이어지는 가치사슬에서 벗어나 개인 기술자나 소규모 공장과 직접 거래하면서 가격 상승 요인을 제거한다. 규모가 작은 파트너일수록 전량 구매가 용이하고, 결국 제품의 희소성도 높일 수 있기 때문이다.

아직 우리나라에는 정식으로 진출하지 않았지만, 그 독특함에 매료되어 미국으로부터의 비싼 배송료를 감수하면서까지 직접 구입하는 고객층이 형성되어 있을 정도다.

성장보다 브랜드 아이덴티티에 집중하다

셋째, 크레이트앤배럴은 성장보다는 브랜드 아이덴티티 확립을 더 중시한다.

크레이트앤배럴은 매장 수를 적극적으로 늘리지 않는다. 고든 시걸은 "성장보다 우리 회사의 신념과 미션을 실현하는 일이 더 중요하다."라고 말한다. 그는 단독으로 전문 매장을 꾸며야만 고객들에게 라이프스타일을 제대로 보여줄 수 있다고 확신했다. 그래서 원칙적으로 백화점이나 대형 마트에는 입점하지 않는다. 다른 매장들과 같이 위치하면 자신만의 색깔이 퇴색된다고 판단했기 때문이다. 대신 독립 매장이나 카탈로그, 인터넷 판매 등의 사업으로 브랜드 아이덴티티를 유지하고 있다.

이처럼 크레이트앤배럴은 매우 깐깐한 회사다. "크레이트앤배럴의 직원 한 명이 매장 기준에 맞는 깔끔함을 몸에 익히기까지 3년은 족히 걸린다."라는 말이 있을 정도다.[19] 그만큼 직원들은 끊임없이 상품 진열과 청결 교육을 받는다. 그래서인지 고객들 역시 크레이트앤배럴 하면, 깔끔한 매장을 먼저 떠올린다. 크레이트앤배럴은 광고를 하지 않는 것으로도 유명하다. 광고에 비용을 투자하는 대신, 좋은 제품과 고객의 입소문으로 승부하겠다는 의지다. 이러한 깐깐한 신념이 결국 크레이트앤배럴의 성공비결일 것이다.

알코올 0% 맥주, 불가능에 도전한 기린

홍선영

아무리 많이 먹어도 살이 찌지 않는 과자는 없을까? 아무리 많이 피워도 폐암 걱정이 없는 담배는? 다이어트나 금연을 해야 하는 사람이라면 한 번쯤 이런 생각을 해봤을 것이다. 그렇다면 마시고 마셔도 절대로 취하지 않는 술은 어떨까? 애주가라면 한 번쯤 꿈꿔봤을 아이템이다. 보통 이런 생각을 떠올리더라도 불가능하거나, 설령 그런 제품이 있다 하더라도 맛이 떨어질 것이라고 생각하기 쉽다.

그런데 2009년 4월, 일본에서 맛은 기존의 술과 똑같되 아무리 많이 마셔도 취하지 않는 상품이 판매되어 그야말로 폭발적인 인기를 얻었다. 제품이 출시된 주말에 품절 사태가 벌어졌고, 출시 1개월 만에 한 해 매출목표 63만 케이스의 약 2.5배인 160만 케이스 판매를 돌파할 만큼 놀라운 인기였다.[20] 기린KIRIN이 탄생시킨 알코올 0%의 맥주 '프리FREE'가 그 주인공이다.

'술이 아닌 술, 운전 중에 마셔도 안심할 수 있는 술'을 표방한 '프리'를 통해 히트상품 탄생의 비결을 알아보자.

안심하고 음주운전하세요?!

우리나라도 노래방이나 음식점에서 '맥주맛 음료'라는 것을 판매한다. 하지만 사실 이 제품들에는 약간의 알코올이 첨가되어 있다. 게다가 맛도 진짜 맥주와는 다르다. 그래서 소비자들의 선택에 한계가 있고 또 일부러 찾을 만큼 선호되지도 않는다.

일본에서도 기린뿐만 아니라 많은 맥주 회사가 술을 마실 수 없는 운전자를 고려해 맥주맛 음료를 발매해왔다. 그러나 이들 상품에는 0.5% 정도의 알코올이 함유되어 있어 엄밀히 말해 '무알코올 음료'는 아니었다. 그 때문에 운전자나 음식점 손님들에게 '안심하고 마시라'고 권할 수는 없었다.

그러던 중 2006년 음주운전으로 유아 3명이 사망하는 사건이 발생했고, 2007년 9월에는 도로교통법이 한층 강화되어 음주운전 벌칙이 더욱 엄격해졌다. 그로 인해 많은 일본

주류업체들은 자사 제품의 소비가 위축되지 않을까 고민에 빠질 수밖에 없었다.

하지만 기린의 상품개발팀은 이를 계기로 오히려 새로운 수요를 찾아내는 데 주력했다. '운전 중에도 술을 마시고 싶어 하는 사람들, 임신이나 간질환 등으로 술을 마실 수 없는 사람들을 위한 알코올 0%의 맥주를 개발하면 어떨까?'라는 것이었다.

불가능을 가능케 하다

그런데 왜 이제껏 알코올 0%의 맥주가 만들어지지 않았던 것일까?

당시만 해도 주류업계에서 양조를 하지 않고 맥주맛을 내는 것은 불가능한 일이었다. 하지만 기린은 가지고 있는 모든 향료를 조합하는 등 회사가 보유한 기술과 자원을 적극 활용해 이 불가능하고 무모한 일에 도전했다.

약 3년간의 노력 끝에 기린은 주조에서 필수 기술인 '발효'라는 공정 없이도 효모가 본래 가지고 있는 수천 가지 향미 성분을 센서로 분석해 맥주 본연의 풍미를 재현하는 데 성공했다. 그뿐만 아니라 혹시나 연구개발 과정에서 있을 수 있는 오차를 없애기 위해 경찰청 과학연구소와 운전교

습소에서 사용되는 운전 모의실험 장치를 빌려 철저하게 실험했다.

기린은 '프리'가 운전에 어떤 영향을 미치는지 꼼꼼하게 조사했고, 그 결과 맥주처럼 마음을 이완하는 데 도움이 되지만 운전에는 전혀 지장을 주지 않음을 증명했다. 알코올 도수는 0.00%이지만 맛은 완벽한 맥주 그대로여야 한다는 불가능한 난제를 해결해 새로운 시장의 문을 연 것이다.

예측불허 마케팅이 불러온 인기

'술이 아닌 술'이라는, 불가능을 가능케 한 상품 개발에 이어, 마케팅 또한 같은 맥락에서 이루어졌다. 다름 아닌 고속도로 휴게소 주차장에서 홍보 활동을 시작한 것이다. 2009년 6월부터는 '음주운전 박멸 캠페인'도 시작했다. 프리가 알코올 0%인 것을 확실히 믿지 못한 소비자들은 "운전자들에게 운전 중에 술을 마시라고 나눠주다니, 사막에서 히터를 팔고 남극에서 에어컨을 파는 것과 같다."라며 외면하기도 했다.

하지만 이 캠페인이 인터넷과 언론에 보도되면서 '운전 직전이나 운전 중에도 마실 수 있는 술'이라는 프리의 이미지를 확실히 각인시키는 결정적인 계기가 되었다. 결국 프리는 그간 맥주를 마시고 싶어도 마실 수 없었던 소비자들, 예컨대 술이 약한 여성이나 간질환이 있는 사람들과 고속도로 휴게소나 골프장 등에서 큰 인기를 끌고 있다.

'못해서'가 아니라 '안 해서' 아닐까?

기린 '프리'의 성공비결을 꼽자면 다음 3가지이다.

첫째는 포기를 모르는, 불가능에 대한 도전정신이다. 둘째는 소비자의 새로운 수요를 발견했다면 이를 어떻게 해서든 만족시키려는 끈질긴 노력이다. 그리고 셋째는 회사 내 경영자원의 100% 활용이다.

혹시 우리가 '못한다, 불가능하다'라고 생각한 상식들은 '못해서'가 아니라 '안 해서'가 아닐까? 당연하다고 생각한 상식과 결별하는 일이 히트 상품을 만드는 가장 중요한 비결일 것이다.

상추로 매출 100억, 장안농장의 뚝심 경영

김진혁

나이 마흔에 사업이 망하면서, 쫓기다시피 시골로 내려가야만 했던 한 남자가 있었다. 그는 생활고에 떠밀려 농사를 시작했다. 사업자금은 어렵게 빌린 300만 원이 전부였다.

그로부터 15년여가 지났다. 그는 더 이상 생활고에 시달리는 가난한 농부가 아니다. 연매출 100억 원의 유기농 쌈채소 기업을 운영하는 CEO가 되었다. 상추를 팔아서 매출 100억 원을 낼 정도면, 쌀로 치면 1,000억 원, 고기로 치면 5,000억 원쯤 되는 셈이다. 바로 상추 CEO, 장안농장 류근모 사장의 인생 역전 스토리다. 장안농장은 상추를 비롯한

• 이 글은 류근모 (2009), 《상추 CEO : 상추로 매출 100억을 일군 유기농업계의 신화 장안농장 이야기》. 서울: 지식공간을 토대로 하였다.

쌈채소류에서 출하량과 공급량, 판매량이 모두 1위를 달리는 기업이다. 류 사장의 성공비결은 과연 무엇일까?

편견과의 싸움

첫째, 장안농장의 류근모 사장은 편견과 싸웠다.

류 사장은 자신의 성공비결을 한마디로 "편견과의 싸움"이라고 요약한다. 다시 말해 "그건 불가능해."라는 포기의 편견, "농업은 한물간 사업이야."라는 절망의 편견과 15년 동안 싸웠다는 것이다.

그는 어느 날 빈 시간을 이용해 대형마트에 잠시 들렀다. 식품 매장 앞에는 주부들이 한 줄로 길게 늘어서 있었다. 브로콜리를 사려는 주부들이었다. 브로콜리마다 무게가 달랐기 때문에, 일일이 무게를 재고 바코드를 붙이느라 줄이 길어진 것이었다. 그때 번개처럼 이런 생각이 스쳤다.

'브로콜리를 보통의 공산품처럼 표준화해서 팔 수는 없을까?'

직원들은 하나같이 모두 반대했다.

"사장님, 브로콜리가 큰 것도 있고 작은 것도 있는데 그걸 어떻게 표준화합니까?"

"채소가 공산품도 아니고, 하나하나 규격에 맞추기가

좀……."

그러나 류 사장은 이렇게 생각했다.

'그게 쉬운 일이었으면 남들이 벌써 했지, 나에게까지 기회가 왔겠어?'

어려운 일일수록 오히려 성공의 과실이 큰 법이라는 생각으로 그는 이 일을 밀어붙였다. 그는 먼저 고객들이 구매하는 브로콜리의 평균 무게를 구했다. 그리고 이 평균 무게보다 무거운 브로콜리는 조금씩 잘라내고, 자른 조각은 따로 모아서 알뜰형 상품으로 내놓았다. 표준화에도 성공하고 동시에 기존에 없던 신상품을 만들어낸 것이다. 결과는 어땠을까? 소비자뿐만 아니라 마트의 반응도 뜨거웠다.

그는 틈만 나면 직원들에게 편한 일거리를 찾으려 하지 말라고 주문한다.

"편한 건 우리 것이 아니다. 서울대, 카이스트 나온 친구들도 많은데 그런 일이 우리에게 차례가 돌아오겠나?"

이것이 그가 포기의 편견과 맞서 싸운 비결이다.

공부의 힘

둘째, 장안농장의 류 사장은 공부했다. 그는 입버릇처럼 늘 공부를 강조한다.

"농부들도 공부를 해야 한다. 최소 한 달에 책 다섯 권은 봐야 한다."는 것이 류 사장의 지론이다. 실제로 그는 TV나 신문, 책에서 접한 각종 지식에서 아이디어를 얻고 이를 사업에 접목했다. 섞어심기 농법이 그 공부의 대표적인 결과물이다.

어느 날 그는 신문을 보다가 재미있는 기사를 봤다. 오징어를 운반하는 사람들이 수조 안에 천적 물고기 한두 마리를 함께 넣는다는 기사였다. 오징어들은 천적에게 잡아먹히지 않기 위해 늘 긴장한 채 몸을 움직일 테고, 그 덕분에 건강한 상태를 유지한다는 것이었다.

그는 이 사례를 곧장 사업에 활용했다. 보통 유기농 농가에서는 채소를 종류별로 묶어서 심는다. 상추는 상추대로 심고, 케일은 케일대로 심어야 관리가 편하고 수확이 쉽기 때문이다. 하지만 그는 오징어 기사를 응용해서 채소끼리 경쟁을 시켜보았다. 2~3가지 쌈채소를 한 곳에 심은 것이다. 가장자리에는 상추를 심고 중앙에는 케일을 심었다. 한 밭에 서로 다른 채소를 함께 심은 결과는 놀라웠다.

채소끼리 좋은 영양분을 섭취하기 위해 총력을 기울였고, 그 결과 두 채소 모두 더욱 건강해지고 병충해에도 강해졌다.

믿음의 마케팅

셋째, 류근모 사장은 신뢰가 사업의 생명임을 알았다.

류 사장이 처음부터 승승장구했던 것은 아니다. 사업 초기에는 어려움이 무척 많았다. 특허도 있고 제품도 최고라고 자부하지만 팔 데가 없어 고생하는 많은 중소기업들처럼 그 역시 판로를 갖고 있지 못했기 때문이다.

유기농법에 자신감이 생기자 류 사장은 가장 싱싱하고 품질이 좋은 상추 20상자를 싣고 도매시장으로 달려갔다. 마침 도매상이 있기에 가격을 어느 정도 줄 수 있는지 물었다.

"한 상자에 700원 합시다."

7,000원을 받아도 시원찮을 판에 700원이라니……. 어이가 없었다. 설상가상으로 농약을 뿌려 기른 옆집 할머니는 한 상자에 1,200원을 받았다. 당시만 해도 친환경 농산물에 대한 인식이 부족한 시절이었기에, 벌레 먹은 자리가 많은 친환경 상추는 시장에서 좋은 값을 받기가 어려웠던 것이다.

그는 '상추를 버리는 한이 있더라도 이 가격에는 도저히 못 판다.'라고 마음먹고 다시 상자를 고스란히 싣고 발길을 돌렸다. 그런데 어떻게 팔까 고민하던 그에게 이런 생각이 스쳤다.

'공짜로 나눠주면 홍보가 되겠다.'

한달음에 상추상자를 싣고 고속도로 휴게소로 갔다. 중

산층 이상 되는 사람을 공략해야겠다는 생각에 주차장으로 들어오는 중형차마다 찾아가서 창문을 두드렸다. 과연 결과는 어땠을까?

류 사장의 예상과 달리 사람들의 반응은 무척 냉담했다. 아무리 공짜라지만 누군지도 모르는데 상추를 덜컥 받을 수는 없는 노릇이었을 것이다.

그러던 어느 날 서울에 사는 친척이 류 사장 집을 방문했다. 류 사장이 기른 상추를 먹어본 그 친척의 반응이 아주 좋았다.

"정말 맛있네. 동생, 우리 아파트 주민들에게 직거래로 팔아보면 어떻겠는가?"

친척의 도움으로 그는 부녀회와 연결이 되어 직거래의 기회를 잡았다. 인맥의 힘은 상상 이상이었다. 상추 맛에 반한 부녀회장이 다른 아파트의 부녀회장을 소개해주면서 채소를 홍보할 기회가 늘어난 것이다. 또 기존 직거래 실적을 토대로 직접 다른 아파트 부녀회를 개척할 수도 있게 되었다.

이렇게 그는 서울에서도 중산층이 산다는 강남의 아파트들을 돌면서 이른바 '부녀회장 마케팅'을 펼쳤다. 더욱이 무작정 파는 게 아니라 일단 한번 먹어보라고 시식용 상추를 줬다. 그것이 고객들의 입소문을 타면서 직거래가 점점 확대되었다.

이 일을 계기로 류 사장은 신뢰야말로 사업의 근본임을 깊이 깨달았다고 한다.

"신뢰야말로 가장 큰 장사꾼이다. 낯선 사람이 공짜 선물을 주면 경계의 눈초리로 쳐다본다. 그러나 잘 아는 사이라면 공짜는 마음의 선물이 된다."

류 사장이 밝히는 뚝심과 신뢰의 경영 노하우다.

기나긴 세월 편견과 싸워가면서 마침내 정상의 자리에 선 상추 CEO 류근모 사장. 현실이 어렵고 힘들다고 포기하려는 사람들에게 그는 자신의 책 《상추 CEO》에서 이렇게 말한다.

"축구선수 박지성이나 박주영이 골을 넣을 때를 보라. 수비수들은 어떻게든 골을 막기 위해서 거친 태클을 하고 두 겹 세 겹 에워싸며 거친 압박을 가한다. 그 많은 태클을 이겨내야 소중한 한 골을 넣는 것이다. 농사도 사업도 이와 마찬가지이다."

혹시 지금 포기의 편견, 절망의 편견에게 지고 있지는 않은가? 늦었다고 생각할 때가 가장 빠른 순간이다. 다시 일어서서 새로운 도전에 나서보자.

세계를 제패한 한국 강소기업 3선

이민훈

전 세계적인 불황으로 구매력이 저하된 소비자와 매출 부진에 시달리는 기업 모두 큰 혼란과 침체를 겪고 있다. 국내 역시 마찬가지다. 특히 평소에도 자원 부족으로 어려움을 겪어온 중소기업들은 그 누구보다 불황의 칼바람을 매섭게 느끼고 있다.

하지만 이런 열악한 경영 환경을 딛고 한국을 넘어 세계 최고로 우뚝 선 강소기업들이 있다. 이들 강소기업들의 브랜드 성공비결은 과연 무엇일까? 그들 사례를 통해 불황을 타개하는 소중한 지혜를 얻어보자.

세계 시장을 명중시킨 활, 삼익스포츠

첫 번째로 살펴볼 강소기업은 '삼익스포츠'이다.

2008년 베이징올림픽에서 '삼익 활'은 세계 시장을 명중시켰다. 양궁 경기에 임한 대한민국 국가대표 선수들이 손에 든 활에는 'SAMICK' 마크가 선명했다. 비단 한국 선수들만이 아니었다. 여자 개인전에서 금메달을 딴 중국 선수, 이탈리아 국가대표 전원, 심지어 북한 선수도 삼익 마크가 새겨진 활을 들고 경기장에 섰다.

양궁처럼 사용층이 극히 제한적이면서도 특별한 기술을 필요로 하는 상품은 기업 입장에서는 개발 기피 대상 1순위이다. 하지만 삼익스포츠는 끊임없는 도전과 연구개발로 자신만의 길을 개척했다. 그 결과 2000년대에 세계 표준으로 자리 잡은 삼익 활을 탄생시켰다.

1990년대까지만 해도 세계 활 시장은 미국 호이트Hoyt와 일본 야마하Yamaha로 양분되어 있었다. 국내에서는 가내수공업 형태로 불과 3곳에서 활을 만들고 있던 상황이었다.

삼익스포츠의 이봉재 대표는 1990년 삼익악기의 양궁사업부를 인수해 '명품 활'을 만들겠다는 목표로 출발했다. 그때까지만 해도 초중고생과 일반인을 대상으로 한 레저용 활이 회사의 주력 상품이었다.

그러다 단단하면서도 탄성이 뛰어난 신소재 카본carbon에 주목하고 1995년부터 장장 4년간 지구에 존재하는 200여 종의 카본을 모두 시험하는 거대 프로젝트에 도전했다. 실제 샘플 제품 1개를 개발하는 데만 해도 5,000만 원에서 1억 원 정도가 필요했다. 생산설비와 검사장비도 모두 직접 만들다 보니 제품 개발비만 20억 원이 넘게 들었다.

하지만 세계 최고의 명품 활을 만들겠다는 집념과 노력 끝에 지금은 올림픽 라운드 활에서 호이트의 아성을 무너뜨렸다. 지난 베이징 올림픽 8강 출전자의 90%가 삼익 활을 들었고 현재 세계 레저 양궁 시장의 45%를 장악한 것이다.

국제올림픽위원회가 운영하는 올림픽박물관에도 '메이드 인 코리아' 제품으로 유일하게 베이징올림픽 양궁 여자 개인전 우승자인 장 쥐안쥐안이 기증한 삼익 활이 전시되어 있다. 삼익스포츠는 2009년 현재 연매출 50억 원 정도지만 '브랜드'와 '기술'이라는 자산은 삼익의 미래를 더욱 밝게 하고 있다.

바이올린 전공자의 필수품, 심로악기

두 번째로 살펴볼 강소기업은, 미국에서 바이올린을 배우는 학생의 30%가 선택한다는 '심로악기'이다.

바이올린 중 가장 유명한 것은 전 세계에 450여 대만 남아 있다는 스트라디바리우스이다. 300년이 지난 지금에도 스트라디바리우스가 수십억 원을 호가하며 명성을 이어가고 있는 이유는 바로 현대의 뛰어난 기술로도 옛 장인의 솜씨를 재현해내지 못하기 때문일 것이다. 바이올린의 경우 아름다운 소리를 얻으려면 나무로 된 몸통을 부위마다 가장 적합한 두께로 각각 다르게 깎아야 하는데, 기계로는 이러한 작업이 사실상 어렵다. 그래서 바이올린 가격은 장인의 솜씨에 따라 수백만 원부터 수억 원까지 천차만별이다.

하지만 누구나 장인이 직접 손으로 깎아 만든 바이올린을 구입할 수는 없다. 전공자가 아닌 사람들을 위한, 예컨대 교육과 취미용으로 구입할 수 있는 저가 제품이 필요한 것이다. 그런데 얇은 나무를 여러 장 붙여 기계로 압축하는 프레스 공법을 활용한 기존의 저가 바이올린은 내구성이나 음질 면에서 수준이 매우 떨어졌다. 심로악기는 바로 이 부분에 회사의 운명을 걸었다. '기계로 손처럼 깎는 기술'에 도전한 것이다. 그리고 약 2년간의 끈질긴 연구와 시행착오를 통해 보다 정교한 굴곡을 기계로 재현하는 데 성공했다. 유럽의 가구 공장에서 나무를 깎는 공법에 착안한 것이었다. 심로악기는 이 기술 덕분에 고품질의 바이올린을 대량으로 빠르게 생산할 수 있게 되었다.

이와 함께 심로악기는 마케팅도 공격적으로 추진하였다. 2002년 독일의 수백 년 된 악기 제작사들이 모여 있는 마르

크노이키르헨Markneukirchen에 공장을 내고 현지에서 악기 제작 장인들을 스카우트하여 제작 공정을 진행했다. 본고장에서 정면승부를 한 것이다.

그리고 2002년 3월 드디어 프랑크푸르트 악기박람회에서 호평을 받으면서 유명 연주자들의 연습악기, 이른바 세컨드 악기로 선택받게 되었다. 이 같은 적극적인 행보 덕분에 심로악기는 1978년 창업 이후 중소기업을 흔든 숱한 위기에도 불구하고 30여 년 동안 단 한 해도 적자를 내지 않았다.

최고의 식탁을 만드는 최고의 자기, 한국도자기

세 번째로 살펴볼 강소기업은, 세계 최고 호텔의 식탁으로부터 선택을 받은 한국도자기이다.

최근 2~3년간 세계적인 고품격 제품만 모인다는 중동 왕실에 유럽 제품들을 제치고 국내 도자기들이 속속 입성하고 있다는 반가운 소식이 들리고 있다. 불과 몇 년 전만 해도 브랜드력이 약했던 국산 제품들은 70% 이상이 OEM 방식으로 공급되었다. 그런데 최근에는 당당하게 자사 브랜드를 달고 세계 시장에 나서고 있다.

대표적으로 한국도자기의 고급 브랜드 '프라우나PROUNA'는 중동 한 국가의 왕실 자기로 납품되었을 뿐 아니라, 유럽 브랜드들과의 치열한 경합 끝에 두바이 7성급 호텔인 버즈 알 아랍Burj Al Arab의 식기로 선택되었다.

중국산 브랜드의 저가 공세에 직면해 국내 브랜드가 우위를 점유하려면 앞으로도 이처럼 상위 계층을 타깃으로 한 프리미엄 전략이 유효할 것으로 보인다.

2008년, 하버드 비즈니스 스쿨의 존 쿠엘치John Quelch 교수는 불황일 때 기업이 명심해야 할 마케팅 지침을 발표한 바 있다.[21] 그 메시지의 핵심은 "불황일수록 적극적으로 마케팅하라."는 것이었다. 경기가 나쁘고 경쟁사들이 움츠러들어 있다면 그만큼 소비자에게 우리 회사를 돋보이게 하고 차별적으로 인식시킬 수 있는 기회라는 말이다. 장기적인 관점에서 위기를 헤쳐 나가려는 현명한 리더라면 귀담아 들어야 할 조언일 것이다.

SERICEO 실전경영 02

• 어느 1등의 비결, "내가 틀렸다" • 버버리, 150년 명성의 비밀 • 로스차일드, 불확실성 속의 승부! • 벼랑 끝에서 날았다! 엠브라에르 • 페브리즈의 향기로운 현지 전략 • 버스비보다 싼 항공료? 라이언에어 • 한발 앞섰다! BMW 불황전략 • 불황에도 빛난 일본 기업 3선

제3장

위기는 같은 양의 기회다

어느 1등의 비결, "내가 틀렸다"

김진혁

컴퓨터에는 그래픽칩이라는 중요한 부품이 있다. 현재 이 그래픽칩 분야에서 세계 최고를 달리는 기업이 바로 엔비디아^{Nvidia}이다. 1993년에 창업해 이제 20년 가까이 돼가는 엔비디아는 2010년 1/4분기에 매출 10억 달러, 순이익 1억 4,000만 달러를 기록했다.[1]

알고 보면 더욱 놀라운 사실은 2010년 제82회 아카데미 영화상 시각효과상을 수상한 〈아바타^{Avatar}〉를 비롯해 후보작이었던 〈디스트릭트 9^{District 9}〉, 〈스타 트렉^{Star Trek}〉이 모두 엔비디아의 제품과 기술을 사용했다는 점이다. 아우디와 BMW도 차를 디자인하고 주행 시뮬레이션을 할 때 엔비디아 제품과 기술을 활용한다. 한마디로 그래픽 작업이 필요한 분야에서 엔비디아를 빼면 이야기가 안 된다.

수십 개의 경쟁업체가 있는 시장에 후발주자로 진입했음에도 불구하고 1등에 올라서고, 심지어 그 성공을 유지하는 비결은 과연 무엇일까? 물론 GPU라는 새로운 콘셉트의 제품 시장을 창조했기 때문이지만, 제품력 이면에는 3가지 비결이 숨어 있다.

새로운 시장에 대한 의지, '5% 철학'

첫째, 엔비디아는 자신의 히트 상품을 스스로 무너뜨리고 계속 신제품을 출시한다.

세계 1등 기업이지만 CEO의 긴장과 위기의식이 상상을 초월한다. 젠슨 황Jen-Hsun Huang 사장은 "조금만 방심하면 30일 안에 망할 것이다."라는 말을 입에 달고 산다. 교만한 군대는 반드시 패한다는 교병필패驕兵必敗의 메시지를 조직에 끊임없이 불어넣고 있는 것이다.

그에게는 5% 철학이 있다. "점유율 1등 상품을 갖고 있더라도, 그 시장 자체가 매년 5% 이하로 성장한다면 다른 사

- GPU(Graphics Processing Unit)는 컴퓨터 그래픽을 전문으로 담당하는 부품이다. 3D 그래픽을 주로 담당하며, 이와 관련된 연산을 할 때 CPU(Central Processing Unit, 중앙처리장치)의 부담을 크게 줄일 수 있다.

업을 찾아봐야 한다."는 것이다.

그래서 엔비디아는 핵심 기술을 바탕으로 다양한 시장을 공략하면서 최소한 6개월에 한 번씩 신제품을 출시한다. 즉, 3D 그래픽 기술을 가지고 PC용 칩을 만들고, 이어서 비디오 게임기용 그래픽칩, 모바일기기용 그래픽칩, 심지어 의료기기와 군사용 장비에 들어가는 그래픽칩 등 계속 새로운 시장을 개척해 나가는 것이다.

실패를 대하는 남다른 자세, '지적인 솔직함'

둘째, 엔비디아는 실패에 대한 태도가 다르다.

젠슨 황 사장에게 엔비디아의 성공비결을 물어보면, 그는 "기술력 때문"이라고 하지 않고 "지적인 솔직함이 우리의 성공비결"이라고 답한다. '지적인 솔직함Intellectual Honesty'이 바로 엔비디아의 핵심 가치라는 것이다.[2]

창업 초기인 1996년 첫 제품을 출시하는 과정에서 엔비디아는 실패를 거듭했다. 그러자 개발부서와 영업부서를 막론하고 "개발 속도가 느려서 망쳤다", "영업력이 약하다" 등 온갖 비난과 책임전가의 목소리가 쏟아졌다.

이로 인해 엔비디아는 두 달을 허송세월했고, 결국 망하기 일보 직전까지 내몰렸다. 젠슨 황 사장은 이 사건을 계기로 끊임없이 혁신하려면 실패는 필연적일 수밖에 없는데, 이 실패를 받아들이는 자세를 바로 세우지 않으면 결코 이 업계에서 성공할 수 없다는 사실을 깨달았다.

그래서 그는 '잘못한 사람이 누군지를 찾는 것이 중요한 게 아니고, 잘못된 것이 무엇인지를 찾아서 이를 고치고 앞으로 나가자'는 원칙을 세웠다. 그에 따라 나온 것이 '지적인 솔직함'이라는 핵심 가치이다.

지적인 솔직함에는 3단계가 있다.
1. 스스로 솔직하게 실패를 인정하는 것.
2. 다른 사람의 실패를 절대로 비난하지 않는 것.
3. 실수를 자산으로 만들어 나가는 것.

실패를 용인하고 자연스럽게 받아들이는 문화를 정착시킨 결과, 엔비디아 직원들이 가장 자주 쓰는 말이 바뀌었다고 한다. 바로 "내가 틀렸다"라는 말이다.

사람을 키우는 기업

셋째, 엔비디아는 다른 무엇보다 '사람'에 투자한다.

언뜻 생각하면 이상한 점이 있다. CEO가 늘 '긴장하라, 위기다'라고 압박하고, 6개월마다 신제품을 출시해야 하는 스트레스에도 불구하고, 실리콘밸리에서 가장 다니고 싶은 직장으로 엔비디아가 꼽힌다는 사실이다.

그 이유는 직원을 물심양면으로 키우기 때문이다. 엔비디아의 모든 직원은 입사하는 날부터 회사의 주식을 받는다. 모든 직원을 회사의 주인으로 만든다는 원칙이 있기 때문이다. 회사가 살면 자신도 살고 회사가 죽으면 자신도 죽는다는 시스템은 직원들에게 커다란 동기부여가 된다.

경제적인 보상뿐만 아니라 개인의 발전을 회사가 지원한다는 점도 눈여겨볼 만하다. 엔비디아에는 리더스Leaders 제도가 있다. 이 제도는 경력이 쌓인 직원의 경우, 업무 시간의 50%를 자기 계발 및 강화를 위해 사용하도록 회사가 적극 지원하는 것이다.

엔비디아의 로고는 마치 눈동자처럼 생겼다. 왼쪽은 2D로, 오른쪽은  3D로 디자인되어 있는데, 세상을 2D에서 3D로 이끈다는 기업철학과 신념을 표현한 것이다.

세계에서 가장 경쟁이 치열한 분야에서 스스로의 혁신 제품을 계속 넘어서며 1등을 유지해온 엔비디아! 무엇보다 그들의 성공 이면에는 "내가 틀렸다."라고 당당하게 이야기하고 재빨리 해결책을 찾아내는 '지적인 솔직함'이 자리잡고 있었다는 점을 다시 한 번 눈여겨봐야 할 것이다.

버버리, 150년 명성의 비밀

이민훈

지난 2007년 영국 런던 버버리Burberry 매장 앞에서 시민들이 "버버리는 우리 마음을 아프게 하지 말라"는 내용이 적힌 피켓을 들고 시위를 벌였다. 그 이유는 그해 2월, 버버리가 사우스웨일스 지방의 생산기지를 중국으로 이전하겠다는 계획을 발표한 데 있다. 영국의 국민 브랜드 공장을 중국으로 보낼 수 없다며 소비자들이 자발적으로 시위에 나선 것이다. 여기에 보태어 찰스 왕세자Prince Charles of Wales, 피터 하인Piet Hein 북아일랜드 장관, 알렉스 퍼거슨Alexander Ferguson 맨체스터 유나이티드 감독, 영화배우 마이클 쉰Michael Sheen과 엠마 톰슨Emma Thompson 등 각계 인사들이 줄줄이 공장 이전에 대한 반대 입장을 표명했다.

이런 현상은 당시 이를 지켜본 수많은 기업과 소비자들에게 놀라움과 동시에 부러움을 불러일으켰다. 국민이 먼저 지켜내는 브랜드 버버리는 어떤 기업일까?

트렌치코트의 대명사

버버리는 1856년 토머스 버버리Thomas Burberry의 작은 포목상에서 출발했다. 어느 날 그는 방수천의 조직을 새롭게 짠 '개버딘Gabadine'이라는 혁신적인 원단을 개발했는데, 이것은 버버리가 150년이 넘는 역사를 이어올 수 있었던 원동력이 되었다. 현재까지도 버버리 코트의 기본 원단으로 쓰이는 개버딘은 여름에도 시원하고 습도에 따른 변형이 거의 없어 비가 자주 오는 영국 기후에 매우 적합했다. 버버리는 이후 추위와 강풍에도 견딜 수 있도록 개버딘을 꾸준히 업그레이드하고 디자인을 보강해 큰 인기를 끌었다.

실용성과 심미성을 겸비한 버버리 코트는 급기야 1차 세계 대전 중 영국군의 군복으로 채택되면서 더욱 명성이 높아졌다. 버버리가 트렌치코트의 대명사로 인식되기 시작한 것도 이때부터이다. 전투 시 적의 탄환을 피해 몸을 숨기는 참호를 의미하는 트렌치가 코트와 합쳐져 '트렌치코트'로 불리게 된 것이다.

군복에 적합하도록 버버리는 코트에 다양한 기능들을 추가했다. 벨트에는 수류탄을 달 수 있도록 D자형 고리를 부착했고, 장총을 사용할 때 개머리판이 닿아 원단이 마모되는 것을 방지하기 위해 오른쪽 가슴에 원단을 덧대기도 했다. 영화 〈카사블랑카〉의 험프리 보가트Humphrey D. Bogart, 〈애수〉의 로버트 테일러Robert Taylor처럼 전쟁을 배경으로 한 영화 속 남자 주인공들이 뛰어가는 장면에서 오른쪽 어깨 자락이 유난히 펄럭이는 것도 바로 이처럼 덧댄 원단 때문이었는데, 알고 보면 이런 실용적인 용도로 만들어졌던 것이다.

고급 브랜드 이미지의 실추와 만회 전략

　그런데 창립 이후 우수한 디자인과 품질을 인정받으며 성장하던 버버리는 1990년대 들어 큰 위기를 맞았다. 중국을 중심으로 짝퉁 명품들이 쉴 새 없이 쏟아져 나오면서 버버리의 고급 브랜드 이미지가 실추되었던 것이다. 더욱이 젊은 소비층은 변화하지 않는 버버리의 정통성을 '시대에 뒤떨어진 패션'이라고 외면하기 시작했다. 설상가상으로 1990년대 초 명품 대중화 전략의 일환으로 펼쳐진 수많은 세일이 버버리의 브랜드 가치를 떨어뜨리는 데 결정적인 역할을 했다.
　이에 위기의식을 느낀 버버리는 1997년 취임한 여성

CEO 로즈마리 브라보Rosemary Bravo를 중심으로 브랜드 쇄신 작업에 착수했다. 그녀는 '브랜드 통일을 통한 고품격 이미지 재건'을 기치로 내걸고 로고와 운영 시스템부터 정비하기 시작했다.

일차적으로 짝퉁 업체들의 모방을 막기 위해 체크무늬의 비중을 줄이고, 말 탄 기사와 토머스 버버리의 흘림 서명을 새로운 브랜드 로고로 채택했다. 또한 그동안 독립적으로 운영해온 디자인–머천다이징(상품화계획)–공급 체인을 중앙집권 시스템으로 바꾸어 고품격 이미지를 복구하는 데 주력했다. 예컨대 머플러, 손수건, 장갑, 우산 등 갖가지 버버리 소품 제작 권한과 타 업체에 판매했던 라이선스를 되사들였다. 또한 여행자 상품 코너, 길거리 판매점 등 고급 이미지와 거리가 먼 유통점에서 버버리가 발견되는 일이 없도록 본사에서 철저히 관리했다.

전통에 새로운 바람을 불어넣다

버버리는 노쇠한 브랜드 이미지를 쇄신하기 위해 2001년에 구찌의 수석 디자이너였던 크리스토퍼 베일리Christopher Bailey를 전격적으로 스카우트했다. 당시 31세의 젊은 베일리를 단순한 디자이너가 아닌, 브랜드 전체를 총괄할 크리에이티브 디렉터로 영입한 것은 변화무쌍한 패션계에서도 굉장히 파격적인 사건이었다. 물론, 그는 영국 출신에다 런던 패션계에서 주목받는 디자이너이긴 했지만, 크리에이티브 디렉터로서는 아직 이르다는 평이 지배적이었다. 이런 주위의 우려에도 불구하고 버버리의 경영진은 브랜드에 신선한 바람을 불어 넣어줄 인재로 베일리를 지목했고, 인재를 알아보는 경영진의 탁월한 선택은 버버리 회생에 가속도를 더했다.

베일리는 먼저, 버버리 전통 디자인의 골격은 유지하면서도 새로운 소재와 디자인을 접목한 '버버리 프로섬Burberry Prosum'을 출범시켰다. 프로섬은 기존 버버리 코트의 묵직하고 낡은 느낌에서 벗어나 허리선을 잘록하게 살리고, 여성용의 경우 천 소재 대신 가죽과 금빛이 도는 광택 소재를 사용하는 등 현대적 감각을 강조했다.

프로섬을 통한 버버리의 변신은 젊은 층의 폭발적 반응을 이끌어냈다. 이러한 노력 덕분에 버버리는 2000년대 이후 중국, 중동, 러시아, 브라질, 인도 등 신흥국에서 매년 40% 이상의 매출 증가세를 이어가고 있다. 더욱이 금융위기의 여파가 맹위를 떨친 2008년에도 회계연도 기준 10억 달러가 넘는 사상 최대 실적을 거두며 새롭게 도약했다.

이와 같이 버버리는 과거의 전통과 현대적인 감각을 결합시키며 브랜드 쇄신에 성공했다. 이는 경제적인 성과뿐만 아니라 고객과의 감정적인 유대감도 확고히 굳히는 계기로 작용했다. 150여 년의 기간 동안 늘 곁에 있는 브랜드라는 느낌을 전달한 것이다.

우리 기업이, 우리의 상품이 어떤 연유로 더 이상 소비자 앞에 나타날 수 없을 때 소비자들이 과연 어떻게 반응할까를 생각해봐야 한다. 버버리처럼 우리의 브랜드가 한 분야의 대명사가 되어 오랫동안 사랑받기를 소망한다면 '소비자에게 이별을 고해야 할 때 소비자가 어떻게 반응할 것인가'를 평소 브랜드 관리의 지표로 삼아야 할 것이다.

로스차일드, 불확실성 속의 승부!

정태수

"로스차일드의 지원이 없다면 유럽의 어느 왕도 전쟁을 일으킬 수 없다."라는 말이 나올 정도로 로스차일드 가문은 19세기 유럽의 숨은 지배자로 군림했다.

유럽의 경제대통령으로 불린 로스차일드의 전설은 가난한 고아 마이어 암셀 로스차일드Mayer Amschel Rothschild에게서 시작되었다. 1744년에 독일 프랑크푸르트의 유대인 집단거주 지역에서 태어난 그는 천연두로 부모를 잃고 11세에 오펜하임 은행의 견습생으로 들어가 '금융'의 세계에 눈을 뜨게 된다.

이후 그는 독일 제후나 부호들을 상대로 옛날 화폐 등을 팔아 성공의 기반을 마련하고 궁정 어용상인의 자리에까지 올랐다. 또 나폴레옹전쟁(1797~1815년)이 일어나자 독일 군주들의 재산을 관리하는 한편, 5명의 아들과 함께 정치의 심장부에서 얻은 막강한 정보력을 이용한 국채, 금, 주식 거래와 밀무역 등으로 막대한 돈을 벌어들였다.[3]

현재 21세기 로스차일드 가문의 위력 역시 막강하다. 그들은 금융업을 기본으로 석유, 다이아몬드, 금, 우라늄, 레저, 와인, 백화점 분야에서 여전히 건재함을 자랑한다. 런던의 로스차일드은행은 국제 금 가격을 결정하는 은행이고, 세계 5대 샤토Chateau • 가운데 샤토 무통 로칠드Chateau Mouton-Rothschild와 샤토 라피트 로칠드Chateau Lafite-Rothschild가 로스차일드 가문 소유이다.

표면적으로는 로스차일드 가문의 10명이 현재 약 15억 달러의 자산을 소유하고 있는 것으로 알려져 있지만, 사실상 그 말을 믿는 사람은 거의 없다. 지난 세기 세계를 움직였던 그들의 권세에 비하면, 다소 위축되긴 했지만 그들이 실제로 보유하고 있는 자산은 추산이 불가능할 것이라는 의견이 지배적이다.

그렇다면 3대를 지속하기 어렵다는 가문의 영광을 로스차일드가가 8대에 걸쳐 250년 동안 유지하며 '금융왕조'로

• 샤토는 프랑스어로 성(城)을 의미하는 말로, 세계 최대의 고급 와인 산지인 보르도 지방에서 일정 면적 이상의 포도밭을 보유한 양조장, 즉 와이너리의 이름에 붙는 명칭이다.

군림할 수 있는 원동력은 무엇일까?

시대를 꿰뚫어 보다

첫 번째는 '시대를 읽는 눈'에 있다.

유대인 거주 지역 게토의 고아였던 마이어 암셸은 신분으로나 재력으로나 보잘것없는 사람이었다. 하지만 그는 어릴 적부터 '돈'에 있어서만큼은 매의 눈을 갖고 있었다.

처음 그가 옛날 동전으로 사업을 일으킨 것만 봐도 그렇다. 평소 유대 전통이나 민간 전설, 역사에 큰 관심을 가지고 있었던 그는 옛날 화폐를 비즈니스에 연결시켰다. 그래서 중동의 디나^{Dinar}, 독일의 탈러^{Taler} 등 유럽 곳곳의 옛날 화폐를 사들여 주화를 분석하고 관련된 역사적, 문화적 지식을 조사하여 기록했다. 더 나아가 그는 이것을 화려하게 장식해 일종의 카탈로그를 만들고 이를 패키지 형태로 귀족들에게 판매하는 놀라운 수완을 보였다.

이때의 귀족들은 왜 옛날 동전을 모으는 일에 열광했을까? 그것은 과거의 전통과 영광이 기울고 혁명의 기운이 감지되는 시기, 옛날 동전에 지난 시절의 영광이 고스란히 담겨 있었기 때문이다. 마이어 암셸은 당시 귀족들의 심리를 꿰뚫어 보았고 그 덕분에 이 색다른 아이템을 통해 사업의 밑천을 모을 수 있었다.

　이런 점은 나폴레옹의 대륙봉쇄령을 뚫고 영국 상품의 비밀교역을 주도하며 장차 세계 최강대국이 되는 영국의 금융시장을 앞서 장악한 일이나, 18세기 산업혁명이 유럽을 휩쓸었을 때 적극적인 투자를 통해 부를 대폭 늘린 사례에서도 찾아볼 수 있다.

한 개의 화살은 쉽게 꺾이지만 한 묶음의 화살은 부러지지 않는다

두 번째는 비즈니스로 똘똘 뭉친 결속력을 꼽을 수 있다.

　창업자인 1대 마이어 암셀에게 교육받은 2세대 경영진은 일명 '5발의 화살'로 불린다. 5형제는 모두 어려서부터 실전형 경제교육을 충분히 거친 뒤 아버지의 사업을 실무적으로 보좌하다가 영국, 독일, 오스트리아, 이탈리아, 프랑스로 각각 보내졌다. 그리고 이들은 각 국가를 좌지우지하는 거물로 성장했다.

　프랑스로 진출한 다섯째아들 제임스는 프랑스가 프러시아전쟁에서 패배한 후 배상금을 조달하는 데 결정적 역할을 했고, 영국에 진출한 셋째아들 네이선은 단 몇 시간 만에 400만 파운드에 달하는 금액을 영국 정부에 조달해 수에즈

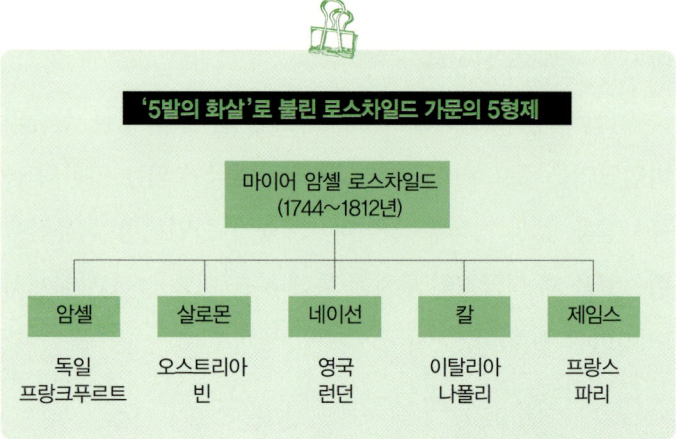

운하를 영국에 안기는 데 결정적 역할을 했다. 이런 막강한 동원력은 가족의 굳건한 결속력이 있었기에 가능했다는 것은 두말할 필요가 없을 것이다.[4]

이처럼 맨파워를 중심으로 자연스럽게 지배권을 넓혀가는 것이 바로 로스차일드식 비즈니스법이다. 각자 다른 나라로 흩어진 5명의 아들은 긴밀하게 정보를 주고받으며 가문을 일으키고 성장시켰다.

비즈니스로 똘똘 뭉친 결속력은 어릴 적부터 철저하게 받아온 2세 교육 전통과도 연관이 있다. 로스차일드 가문은 1대부터 왕국의 사관생도를 교육시키듯이 자녀들에게 귀족생활, 사교, 고객관리, 형제간의 협력 등을 가르쳤고 이것이 전통이 되었다고 한다. 로스차일드 가문이 만든 회사 이름에 '로스차일드 부자상회', '로스차일드 형제상회'가 많은 것도 이런 이유에 기인한다.

24시간 앞선 정보로 2,500배의 이익을 얻다

로스차일드 가문이 승승장구할 수 있었던 세 번째 이유는 바로 전 방위 네트워크에 있다.

빠르고 정확한 정보로 놀라운 사업기회를 선점했던 로스차일드 가문의 정보경영 사례는 무척 많다. 그 비결은 빠른 교통망과 어느 왕실의 정보통보다 정확한 자체 통신망에 있었다. 로스차일드 가문은 2대부터 비둘기를 이용한 전서구傳書鳩, homing pigeon와 마차 수송 등을 포함해 전 유럽을 아우르는 전 방위 네트워크를 보유하고 있었다고 한다. 또 여기에 유대인의 강한 인적 네트워크를 십분 활용했다.

이 같은 정보 네트워크의 힘을 보여준 대표적인 사례가 영국과 프랑스의 워털루 전투Battle of Waterloo였다. 영국의 전쟁자금이 바닥나 전쟁 수행에 어려움을 겪고 있던 웰링턴Wellington 장군에게 적시에 전쟁자금을 전달해줄 정도로 독자적인 정보 네트워크를 가진 로스차일드가는 전투의 결과 역시 24시간 먼저 알아냈다. 그리고 이 정보를 바탕으로 영국 정부의 국채를 몇 시간 일찍 무더기로 사들임으로써 무려 2,500배에 달하는 어마어마한 차익을 얻을 수 있었다.

1982년에 출간되어 세계적인 베스트셀러가 된, 톰 피터스 Tom Peters의 책 《초우량 기업을 찾아서》에서 세계 초우량 기업으로 소개된 46개 기업 가운데 25년이 지난 후 여전히 생존하고 있는 기업은 고작 6개에 불과했다고 한다.[5] 비즈니스 계에서는 특히 공성功成보다 수성守成이 어렵다고 이야기된다. 성공에 도취되어 시대의 흐름을 외면하고 이후 조직화와 관료화가 진행되어 다시 내리막길을 걷게 된 사례는 수도 없이 많다.

로스차일드라고 해서 힘든 시기가 없지는 않았을 것이다. 특히 그들이 사업을 일으키고 유지해온 곳은 혁명과 전쟁이 빈발했던 유럽이다. 시민혁명, 나폴레옹전쟁, 산업혁명이 일어난 격변의 불확실성 속에서 성공을 지속하기는 더욱 어려웠을 터다. 그러나 그들에게 불확실성은 당혹스러운 것이 아니라 당면한 현실이며 기회였다. 수많은 위기를 관리하면서 250년을 이어온 로스차일드의 이야기 속에서 불확실성이 일상화된 오늘의 어려운 현실을 헤쳐 나갈 방법을 찾는 데 소중한 영감을 얻어보는 것은 어떨까.

벼랑 끝에서 날았다! 엠브라에르

홍선영

전 세계 대형 항공기 시장을 장악하고 있는 기업은 널리 알려진 대로 미국의 보잉Boeing과 유럽의 에어버스Air Bus이다. 그리고 이들의 주요 고객은 루프트한자Lufthansa나 에어프랑스Air France 같은 대형 항공사들이다.

그런데 2000년대 이후 급성장한 저가 중소형 항공사인 사우스웨스트나 제트블루가 사용하는 항공기를 보면 전혀 다른 이름이다. 바로 브라질의 자존심, 엠브라에르Embraer이다. 비록 우리에겐 생소하지만, 엠브라에르는 세계 3위의 항공기 제조업체로서 중소형 항공기 시장점유율 1위를 차지하고 있다.

파산의 기로에 섰던 공기업

사실 엠브라에르는 1990년대 초까지만 해도 파산하느냐 마느냐의 기로에 서 있던 공기업이었다. 정부보조금에 의존해 과잉투자를 일삼았던 것이 위기의 원인이었다. 든든한 후원자였던 군사독재 정부가 몰락하자 국방부가 소화해주던 매출이 현저히 감소했다. 거기에 당시 연간 6,800%라는 살인적인 인플레이션이 가져온 경기 침체까지 겹쳐 엠브라에르는 추락하고 말았다. 1985년 7억 달러이던 매출이 1995년 2억 달러로 급락하며 벼랑 끝에 몰린 것이다.

이런 상황에서 1994년 민영화가 이뤄지고 엠브라에르는 국방부를 상대로 하는 게 아니라 일반 시장에서 살아남기 위해 돌파구를 찾기 시작했다. 과연 엠브라에르는 이 같은 악조건 속에서 어떻게 살아난 것일까?

틈새시장의 공략

당시 엠브라에르의 CEO였던 모리시우 보텔루가 주목한 것은 세계 항공사들의 수익 구조였다. 시장을 관찰해본 결과, 그는 항공사들의 수익성이 낮은 이유가 "시장 수준에 맞지 않는 크기의 비행기를 운항하기 때문"이라는 사실을 알아냈다.

예를 들어, 미국 국내선은 1회 탑승객이 70~110명 선인 경우가 61% 이상을 차지했다. 그런데 당시 항공기는 50석 이하와 106석 이상으로 구성되어 있었다. 이처럼 승객 규모에 맞는 적절한 항공기가 없었기 때문에 값비싼 좌석을 40% 가까이 비운 채 운항하는 경우가 부지기수였다. 그에 따라 엠브라에르는 당시 대형 항공기 제작업체가 관심을 두지 않았던 70~110석 규모의 항공기를 제작해 틈새시장을 공략하기로 결정했다.

그리고 마침내 엠브라에르가 야심차게 출시한 'E 시리즈'는 제트블루 같은 저가 항공사들로부터 큰 호응을 얻었다. ERJ-145 기종의 경우, 1997년 매출의 60%를 차지하며 1998년 엠브라에르가 흑자 기업으로 전환하는 데 결정적인 기여를 했다.

경쟁사를 뛰어넘는 제품경쟁력과 기술경쟁력

하지만 곧 경쟁자를 만났다. 당시 50석 규모 이하의 상업용 항공기 시장의 강자였던 캐나다의 봉바르디에Bombardier가 엠브라에르의 성공을 보고 곧바로 70~110석 시장에 뛰어든 것이다. 그러나 봉바르디에의 출현에도 엠브라에르는 흔들리지 않고 시장을 계속 선점해갈 수 있었다. 그 이유는 무엇일까?

봉바르디에는 기존 50석 규모 비행기를 개조해 손쉽게 70~110석 항공기를 만드는 전략을 구사했다. 하지만 엠브라에르는 처음부터 하나하나 고객의 요구에 맞춰가는 전략을 취했다. 승객이 지나다니는 통로를 넓히기 위해 설계를 변경하고 무게를 줄이기 위해 새로운 기술을 개발하는 등 다각도로 노력했다.

그 결과, 엠브라에르는 봉바르디에보다 가격이 저렴할 뿐 아니라 무게가 2톤이나 덜 나가면서 운영 경비도 15% 감축할 수 있는 비행기를 만드는 데 성공했다. 봉바르디에의 비행기 가격이 2,100만 달러였음에 비해 엠브라에르는 1,800만 달러 수준이었다. 개조할 비행기가 없다는 단점을 기술개발이라는 무기로 돌파한 것이다.

놀랍게도 엠브라에르는 1990년대 중반까지 30석이 넘는 항공기를 제작한 적이 없었다. 기껏해야 30석 규모의 터보엔진 항공기를 만들어 군용기나 일부 개인용으로 팔아온 게 전부였다. 그런데도 이런 성과를 이룬 것은 브라질 항공기술대학ITA의 인재들이 있었기에 가능했다.

ITA는 해마다 전국 고등학교 졸업자 가운데 130명 안팎의 영재를 선발해 집중 교육하는 브라질 엘리트 교육의 대명사이다. 이처럼 엠브라에르는 자국 출신의 영재들에 대한 과감한 투자로 돌파구를 마련해왔다. 현재 ITA 출신은 직원의 4분의 1을 차지하며 연구개발 분야를 이끌고 있다.

이와 맞물려 2000년 이후 엠브라에르의 연구개발 투자비는 매출의 약 6%로, 봉바르디에의 2배에 달한다. 불황에도 연구개발 예산만큼은 줄이지 않았다. 더욱이 투자 대비 성과도 탁월했다. 보통 비행기 한 대를 개발하는 데 약 10억 달러가 들지만 엠브라에르는 그 절반, 즉 5억~6억 달러의 비용으로 지난 10년간 12종의 비행기를 개발해냈다. 반면, 경쟁사들은 같은 기간 4~5종의 비행기를 개발하는 데 그쳤다.

지금까지 파산 위기에 직면했던 엠브라에르가 기적적으로 기사회생할 수 있었던 비결에 대해 알아보았다. 엠브라에르는 경쟁력으로 보나 기술력으로 보나 회생이 불가능한 상태였다. 하지만 시장을 제대로 관찰해 틈새시장을 개척해냈고 거기에 맞는 제품경쟁력과 기술력을 확보해갔다. 현재 엠브라에르는 앞으로 10년간 고성장이 기대되는 200만~700만 달러짜리 비즈니스용 제트기에 주목하고 있다고 한다.

일찍이 카네기 Andrew Carnegie는 "악재를 극복해 기회를 잡는 사람이 성공할 확률은 100%다."라고 말했다. 과거의 과오를 반면교사로 삼아 시장의 강자가 된 엠브라에르는 이 말을 증명하고 있는 기업이다.

페브리즈의 향기로운 현지 전략

이승현

출근을 위해 외투를 입었는데 전날 고깃집에서 배인 냄새가 남아 있을 때, 추워서 오랜만에 목도리를 옷장에서 꺼내었는데 묵은 먼지 냄새가 날 때, 그리고 집안 커튼에 전날 구운 생선 냄새가 스며들어 없어지지 않을 때 가장 먼저 생각나는 제품이 있다. 아마 대부분의 사람들이 의류, 즉 섬유의 악취를 짧은 시간에 제거해주는 제품인 페브리즈Febreze를 떠올렸을 것이다.

    P&G의 대표 상품 중 하나이자 섬유탈취제 시장의 세계 1위 브랜드인 페브리즈는 1998년 미국 시장에 출시된 후 우수한 기능을 인정받으며 단기간에 성공적인 브랜드로 자리매김했다. 이에 탄력을 받아 세계 시장 진출을 시도한 페브

리즈는 미처 생각지 못한 여러 가지 문제에 부딪히게 되었다. 특히 가장 많은 난관이 기다리고 있었던 곳은 일본이었다. 그러나 페브리즈는 문제를 하나씩 극복하며 일본의 섬유 탈취제 시장뿐만 아니라 실내 방향제, 욕실용 탈취제 시장까지 확장했고 연간 100억 엔이 넘는 매출을 올리는 효자 브랜드로 성장했다.

여러 난관에도 불구하고 페브리즈가 성공할 수 있었던 데에는 그들만의 비법이 있었다. 페브리즈가 성공에 이르기까지의 과정은 3단계로 나누어 살펴볼 수 있다.

현지에 최적화된 제품으로 재탄생하다

첫 번째 단계는 제품의 현지화였다.

페브리즈가 일본에 진출할 당시 페브리즈에 대한 일본 소비자의 반응은 기대 이하였다. 미국 시장에서 우수한 성능과 편의성으로 인정받은 페브리즈였지만 미국과는 전혀 다른 취향을 가진 일본 소비자들에게는 매력적이지 않았던 것이다. P&G는 일본 현지에서 즉시 원인 파악에 나섰다. 그리고 일본 소비자들이 미국에서 판매되는 페브리즈의 강한 향과 끈적이는 점성을 싫어한다는 사실을 알아내고 곧바로 개선하기 시작했다. 기존의 강한 향을 은은하게 만들고 점성을 없애 물과 같이 끈적이지 않는, 일본 시장에 최적화된 페브리즈로 재탄생한 것이다. 그러자 페브리즈에 대한 일본 소비자들의 선호도도 빠르게 상승했다.

틈새시장을 발굴하고 브랜드를 각인시키다

일단 제품을 현지 시장의 필요에 맞춘 다음, 페브리즈는 두 번째 단계로 틈새시장을 발굴하고 제품의 이미지를 각인시켰다.

일본에서 페브리즈의 타깃인 섬유탈취제의 시장 규모는 미국에 비해 상대적으로 매우 작은 편이었다. 그 원인은 라이프스타일의 차이였다. 미국인들은 카펫을 사용하는 데다 집에서 신발을 신은 채로 생활하고, 나아가 대형 견종을 키우는 집이 많다. 반면, 일본인의 경우 다다미에서 생활하고 작은 애완동물을 선호하는 등 스타일이 완전히 달랐다. 그 때문에 일본 소비자들은 상대적으로 의류나 커튼, 소파, 카펫 등의 섬유에서 나는 냄새에 덜 민감했다.

대략적으로 일본에서 페브리즈가 직접 겨냥할 수 있는 시장 규모는 2억~3억 엔 정도에 불과했다. 그럼에도 불구하고 P&G는 시장 규모의 몇 배에 달하는 대담한 예산을 페브리즈 마케팅에 투입했다. 애완동물을 키우는 가정, 흡연자가 있는 가정 등으로 확실하게 타깃 고객을 정하고 이들을 대상으로 한 TV 광고를 지속적으로 방영하기 시작했다.

이러한 과감한 마케팅을 통해 P&G는 상당한 효과를 얻었다. 첫째로는 섬유탈취제라는 니치 시장에서 독점적인 브랜드를 구축했고, 둘째로는 니치 시장 이외의 소비자들에게도 페브리즈라는 브랜드를 확실하게 각인시켰다. 요컨대, 페브리즈라는 브랜드가 섬유탈취제의 대명사로 자리매김하게 된 것이다.

소비자 인식을 변화시켜 시장을 확대하다

세 번째 단계는 시장 확장이었다.

섬유탈취제 시장에서 독점적 위치를 차지한 페브리즈는 이후 타 시장으로의 확장을 시도했는데, 이 단계에서 P&G의 아이디어가 빛을 발했다. 즉, 기존의 경쟁우위를 새로운 시장의 경쟁우위로 직접 연결시킨 것이다.

페브리즈가 겨냥한 시장은 일본인에게 특히 민감한 시장, 즉 실내 방향제와 소취제 시장이었다. 각각 100억 엔 이상의 큰 규모를 가진 만큼 모두 매력적인 시장이었다. 그런데 이 시장에는 이미 많은 브랜드들이 진출해 시장을 선점하고 있었기 때문에 페브리즈는 후발주자로 오히려 불리한 점이 많은 상황이었다. 이러한 약점을 극복하기 위해 페브리즈는 참신한 아이디어로 승부수를 던졌다. 즉, 땀과 담배연기 등으로 옷감에 배인 냄새, 또는 요리 등으로 커튼에 배인 냄새와 같이 섬유에서 나는 냄새가 실내의 불쾌한 냄새를 만드는 원인이라는 논리를 내세운 것이다. 이와 함께 불쾌한 냄새를 더 강한 향으로 덮는 일시적인 처방이 아니라 근원적으로 탈취해 없애야 한다는 페브리즈의 강점을 부각시켰다.

이처럼 소비자의 인식 자체를 바꾸는 데 주력한 결과, 페브리즈는 실내 방향제, 화장실용 방향제, 제균제 등의 시장에서도 큰 성공을 거두었다. 2억~3억 엔대 작은 시장의 독점 브랜드에서 100억 엔대 큰 시장을 주도하는 브랜드로 거듭난 것이다.

많은 기업들이 한 시장에서 성공한 제품으로 다른 시장에 진출할 때 예상치 못한 어려움에 직면한다. 확연히 다른 라이프스타일과 제품 선호도를 가진 일본 시장에서 난관을 이겨내고 오히려 더 크게 성장한 페브리즈의 사례를 통해 이러한 상황을 극복해 나갈 지혜를 얻을 수 있을 것이다.

버스비보다 싼 항공료? 라이언에어

김상범

세계 곳곳에서 저가 항공사들이 속속 등장하고 있다. 이 가운데 가장 대표적인 업체로 꼽히는 곳이 바로 라이언에어Ryanair다. 아일랜드에 본사를 둔 이 회사는 후발주자로 출발했지만 대형 항공사들의 틈새를 비집고 세계에서 가장 저렴한 가격의 항공편을 제공하고 있다.

라이언에어의 항공요금은 심지어 버스나 택시보다도 더 저렴하다고 할 정도다. 무엇보다 철저한 원가 절감을 통해 높은 수익률을 창출하며 2008년까지 5년 연속 흑자 행진을 계속했다.* 라이언에어에 대해 《이코노미스트》지는 "세계에

* 2009년 금융위기로 잠시 적자를 보였으나 2010년 다시 흑자 행진을 이어가고 있다.

서 가장 돈을 잘 버는 항공회사"라고 불렀고,[6] 《월스트리트저널》은 라이언에어의 주식이 세계에서 가장 인기 있는 항공회사 주식이라고 보도하기도 했다.

원가 절감이 특히 어려운 서비스 분야에서 과연 어떻게 초저가를 달성할 수 있었을까? 라이언에어의 전략을 통해 그 비결을 살펴보자.

핵심만 남겨라

첫째, 라이언에어는 주된 대상고객이 원하는 핵심 서비스 외에는 모두 제거했다.

대부분의 항공회사들이 모든 승객들을 끌어 모으려 욕심을 부리는 것과는 달리, 라이언에어는 시장점유율보다는 이윤에 집중했다. 그래서 주요 타깃에 대한 시장 포지션을 명확히 했다. 라이언에어는 예산이 빠듯하고 비교적 젊은 층의 단거리 지선 고객을 주요 타깃으로 정했다. 이 승객들이 가장 원하는 것은 저렴하면서도 간편한 여행이라는 것을 파악한 라이언에어는 비핵심적인 서비스들을 과감하게 버렸다.

예를 들어, 높은 가격의 비즈니스석, 좌석 뒷면의 잡지 주머니, 무료로 제공하던 기내식, 심지어 무료 음료까지 꼭 필요한 서비스가 아니라면 모두 정리했다. 대신 식사와 음료는 필요한 고객에게만 유료로 제공하고 있다.

둘째, 라이언에어는 중간 판매 채널을 최소화했다.

라이언에어는 여행사를 통해 티켓을 판매하는 유통구조를 없애 추가 비용을 제거하고 인터넷을 통해 티켓을 직접 판매함으로써 원가를 낮추었다. 이는 판매 채널을 관리하는 데도 도움이 되었다. 티켓 가격이 정말로 저렴했기 때문에 별다른 유도 없이도 여행객들이 자발적으로 찾게 만들었던 것이다.

2003년부터 판매된 라이언에어의 비행기 티켓 중 94%는 자사의 웹 사이트를 통해 판매되었다고 한다.[7] 게다가 승객이 예약한 티켓을 직접 프린트해 가면 바로 탑승할 수 있도록 조치해 발권과 탑승 수속에 소요되는 비용을 최소화하였다.

사람과 시간을 최대한 활용하라

셋째, 라이언에어는 인건비 절감을 위해 소수 정예의 직원들 각자에게 다양한 업무를 담당하도록 했다.

대다수 항공회사들은 인원을 많이 채용하며, 비행기 한 대에 여러 명의 승무원이 탑승한다. 하지만 라이언에어는 소수 정예의 직원들만으로 운영한다. 비행기 한 대에 스튜어디스는 단 2명밖에 없다. 그래서 이들은 비행기 이륙 전에는 승객의 탑승번호를 대조하여 확인하고, 비행 중에는 음식과 면세품을 판매하며, 착륙 후에는 기내를 정리하고 청소하는 등 다양한 업무를 담당한다. 또한 CEO를 포함한 라이언에어의 모든 관리자들도 돌아가며 내근 관리와 수화물 운반 업무에 참여한다.

덕분에 2001년에는 1,500명에 불과한 종업원들이 900만 명의 승객을 성공적으로 수송했다. 이는 7,000명의 종업원으로 600만 명의 승객밖에 수송하지 못한 아일랜드 국영항공Aer Lingus과 크게 대조되는 실적이다.[8]

넷째, 라이언에어는 시간을 절약해 비용을 절약하는 전략을 추진했다.

라이언에어는 항공업계에서 가장 빠른 비행기 회전율을 자랑한다. 대개의 경우 비행기 한 대당 25분 이내에 화물 하역부터 기내 청소, 물품 준비까지 모든 작업이 완료된다. 다른 항공사들이 이륙 직전에 별도로 시간을 할애하여 주유를 하는 반면, 라이언에어는 주유 시간도 최대한 절약하고자 착륙하자마자 다른 작업과 동시에 주유를 한다. 한마디로 멀티태스킹을 하는 것이다. 덕분에 비행기 한 대를 하루 최대 4~5번 사용하는 일반 항공회사들과 달리 라이언에어는 평균 비행기 한 대 사용률을 하루 8번으로 대폭 늘렸다. 그에 따라 비행기 보유대수를 줄이고 비행기를 구매하는 비용도

낮출 수 있었다.

또 하나 획기적인 아이디어는 비행기에 좌석 번호를 없앤 것이다. 승객들은 탑승하는 순서대로 자리를 선택할 수 있다. 이는 탑승수속 시간을 줄이고 승객들이 자리를 찾는 데 걸리는 시간을 단축시켰다. 항공업 같은 서비스업에서 시간 절약은 곧 효율 향상, 그리고 비용 절감을 의미하는 것임을 감안할 때, 라이언에어의 전략은 주효했다.

요즘처럼 고객들의 눈높이가 높아진 시대에 저렴한 가격 하나로 고객들을 만족시키기는 쉽지 않다. 실제로 고유가 등으로 인해 저가를 표방한 항공사들이 어려움을 겪고 있다는 뉴스도 들린다.

하지만 초저가 항공사들이 고안한 아이디어만큼은 업종과 관계없이 다양한 기업에서 활용될 만하다. 비용 절감을 통한 수익률 제고에 실제적인 도움을 얻을 수 있을 것이기 때문이다. 라이언에어의 초저가 방정식을 내가 속한 기업에서 어떻게 적용할 수 있을지 한번 생각해보아야 할 것이다.

한발 앞섰다! BMW 불황전략

이민훈

글로벌 경기 하락으로 수입자동차 시장이 고전을 면치 못하고 있다. 2008년에는 세계 자동차 시장의 매출액이 전년 대비 10~20%나 감소했다고 한다. 하지만 이러한 불황 속에서도 선전하며 호황을 누리고 있는 기업이 있다. BMW가 바로 그 주인공이다.

한국수입차협회에 따르면, 2009년 3월 한 달간 BMW, 폭스바겐, 아우디, 메르세데스 벤츠, 포르쉐 등 독일 자동차의 등록대수는 2,820대로, 2008년 동월 2,065대에 비해 25%가 늘어났다고 한다. 그 중에서도 BMW는 790대가 판매되어 2009년 3월 중 국내에서 가장 많이 팔린 수입차라는 영예를 안았다. 2010년에도 이러한 추세가 이어져 BMW는 등록

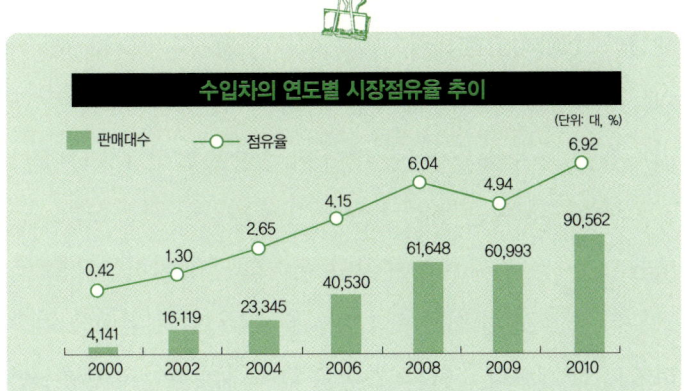

자료: 한국수입차협회

대수가 1만 7,000대에 육박했고, 2009년과 마찬가지로 국내 수입차 판매 1위 자리를 고수했다.

BMW가 판매에서만 두각을 보인 것은 아니다. 최근 BMW의 실적은 놀랍기만 하다. 경영의 핵심 지표라 할 수 있는 ROCE(Return On Capital Employment), 즉 투자자본 대비 이익률이 2006년 21.7%에서 2007년 24.7%를 기록했고,[9] 2012년에는 26%를 예상하고 있다.[10]

과연 BMW가 세계적인 자동차 시장의 불황에도 불구하고 이처럼 승승장구할 수 있는 비결은 무엇일까?

위기 발생 초기에 구조조정을 단행하다

첫째, BMW는 어떤 업체들보다 선제적으로 구조조정을 단행했다. 일반적으로 많은 기업들이 구조조정을 실시할 때, 직원들은 구조조정 자체에 따른 충격보다 경영진이 결단을 내리지 못한 채 우왕좌왕하는 데서 더 혼란을 느낀다고 한다.

그러나 BMW는 위기 발생 초기에 과감히 구조조정을 단행했다. 자동차 시장의 불황이 본격화되기 이전인 2008년 초부터 조직 슬림화를 추진하여 총 8,100명의 인력을 감축하기로 한 것이다.[11] 물론 제 살을 깎아내는 작업은 고통스럽고 어려운 결정이었다. 하지만 하루라도 빨리 결정을 내려 해고된 직원들이 새 일자리를 찾을 수 있도록 해야 한다는 것이 BMW의 생각이었다.

한편, 이 같은 BMW의 결단은 독일 정부가 추진한 '기업의 독립적 위기 대응' 정책에 선제적으로 응한 것이기도 했다. 독일 정부와 언론은 향후 초인플레이션을 초래할 수 있는 유동성 방출에 반대하며 기업의 독립적 위기 극복을 강조해왔다. '언 발에 오줌 누기식' 지원이 오히려 기업을 망칠 수 있다는 판단에서였다. 이러한 독일식 위기 대응 풍토는 BMW가 스스로 위기를 극복하는 데 채찍 역할을 했다고 할 수 있다.

전략적 제휴를 통해 비용을 절감하다

둘째, BMW는 구조조정의 단행과 함께 전략적 제휴 및 비용 절감을 위해 세부적인 노력을 기울였다.

예컨대, '부품 구매 비용 3% 절감'을 목표로 다양한 전략을 구사했다. 이를 위해 구매부문 사장은 일주일에 한 번씩 직접 부품업체들을 방문하여 비용 절감이 가능한 부분을 지속적으로 탐색했다.

또한 전략적 제휴를 통해 구매협상력이 떨어지는 프리미엄 업체의 약점을 보완하고자 했다. 프리미엄 업체의 특성상 부품 구매 시 소량 주문을 하게 되는데, 이는 다른 업체와 비교했을 때 구매협상력을 크게 떨어트린다는 단점이 있었다. 이에 BMW는 2008년 다임러 크라이슬러와 공동구매에 합의함으로써 전략적으로 제휴했다.

그리고 고비용 부분을 과감하게 축소했다. 미국 시장의 판매를 제고하기 위해 야심차게 도입한 리스 사업이 프리미엄 모델 중심의 판매 및 수리, 고액의 딜러 수수료 등 고비용의 주범임을 파악하고 리스 판매를 45~50% 수준으로 낮춘 것이다.

생산방식을 유연화하다

셋째, BMW는 시장 변화를 고려한 유연한 제품 전략을 추진했다. 다시 말하면, 소비자의 니즈가 어떻게 바뀌느냐에 따라 인력과 자원을 자유자재로 투입할 수 있는 전략을 구사한 것이다.

불황기에는 콤팩트한 소형차가 인기를 모으기 마련이다. 그에 따라 BMW는 불황기에 접어들면서 소형차 1시리즈와 3시리즈 부문에 인력 및 자원의 60%를 투입했다. 이는 주력 모델을 단기간에 변경할 수 있도록 시리즈별 플랫폼과 부품을 공유하고 부품 모듈화를 통해 생산 유연성을 꾸준히 높여 온 결과였다.

BMW는 한 공장에서 무려 5개의 모델을 동시에 생산할 수 있는 막강한 혼류 생산 시스템을 보유하고 있다. 많아야 2~3개의 모델을 생산할 수 있는 미국 자동차 빅3 업체나 한국 자동차 업체가 따라갈 수 없는 역량이다. 이러한 역량을 기반으로 수요 변화에 맞춰 차종별 생산량을 빠르게 조정할 수 있는 유연한 생산방식이 BMW의 큰 강점이다.

이뿐만 아니라 BMW에는 시장 수요 변화에 따라 인력이 남는 공장과 부족한 공장 간에 서로 인력을 유연하게 교환하여 효율성을 높이는, 이른바 '브리딩breathing' 시스템이 있다. BMW는 이 시스템을 통해 불황기 인력을 유연하게 투입,

전환할 수 있었다. 브리딩 시스템은 말 그대로 마치 숨을 쉬는 것처럼 인력이 들어오고 나가는 것이 자연스러움을 의미한다.

이러한 BMW의 남다른 선전에 대해 자동차업계에서는 '독수리는 혼자 난다'는 속담에 빗대어 부러움을 표현하고 있다. 하지만 BMW의 거듭된 노력 과정을 보면 지금의 실적이 당연한 보상으로 여겨진다.

신속한 구조조정은 소신 있는 과감한 조정이 갈피를 못 잡는 조정보다 훨씬 손실을 줄일 수 있음을 증명한다. 또한 신제품, 신사업 역량이 넘쳐난다 하더라도 시장과 비용을 충분히 고려해서 개발과 착수 속도를 조절해야 한다는 것도 다시금 되새겨준다.

만약 건강에 위험 신호가 켜졌다면 어떻게 해야 할까? '누군가 나에게 스트레스를 주었기 때문이야', '섭취했던 음식물에 문제가 있었을 거야' 하고 탓만 하고 있겠는가? 그보다는 앞으로 어떻게 식생활과 생활습관을 바꿔야 할지 분석하고, 더 건강해지기 위해 하나씩 체질을 바꿔가는 것인 현명한 태도일 것이다. 그런 의미에서 지금의 위기를 근본적인 체질 변화의 기회로 삼는다면 BMW와 같은 성공을 맛볼 수 있을 것이다.

불황에도 빛난 일본기업 3선

한일영

2008~2009년 세계 경기의 침체로 일본 역시 불황에 시달려야 했다. 수치로 보면 2008년 4/4분기 GDP는 전년 대비 12% 이상 감소했고, 2009년 1/4분기 역시 두 자릿수의 GDP 감소를 경험했다.[12] 일본의 대표 기업이라고 할 수 있는 도요타, 소니, 파나소닉 등도 대규모 감산과 함께 구조조정을 진행했다.

그런데 이런 상황에도 불구하고, 고수익을 올린 일본 기업들이 있었다. 일본의 상장기업 2,384개 중 2008년에 경상이익 50억 엔 이상, 전년 대비 이익성장률 10% 이상을 달성한 기업들은 모두 54개로, 전체의 2.3%를 차지했다.[13]

이러한 54개 기업 가운데 가장 많은 부분을 차지한 업종은 서비스업과 소매업으로, 총 25개사가 여기에 속했다. 바로 ABC마트, 외식업체 와타미^{和民}, 일본제강소^{JSW, Japan Steel Works} 등이 그 주인공들이다. 이들이 어떻게 불황 속에서도 고수익을 창출했는지 그 비결을 살펴보자.

불황 속 가격 승부, ABC마트

첫 번째로 살펴볼 주인공은 새로운 판매방식을 개발해 발군의 가격경쟁력을 보여준 ABC마트이다.

불황기를 맞으면 보통 소비자들은 의식주 중에서도 의복에 해당하는 부분을 가장 먼저 줄인다. 그렇다면 의복보다 구입 빈도가 더 낮은 신발은 더욱더 고전할 수밖에 없다.

그런데 ABC마트는 차별화된 비즈니스 전략으로 신발 유통업체로 성장했다. ABC마트는 세계 유명 신발 브랜드의 집합소라고 할 정도로 다양한 브랜드들을 갖추고 있다. 눈에 띄는 점은 가격이 다른 어떤 곳보다 저렴하다는 것이다. 제조업체와의 직접거래를 통해 중간 비용을 없앰으로써 경쟁력 있는 가격을 창출해낸 덕분이다. 디자인에 민감한 젊은 층들이 다양한 브랜드들을 한 번에 비교할 수 있으면서 가격도 더 저렴한 이곳을 찾는 것은 당연한 결과이다.

ABC마트는 2008년도에 973억 엔의 매출을 올려 전년 대비 9.8%의 성장세를 보였으며, 경상이익도 4.2% 증가한 196억 엔으로 과거 최고 기록을 경신했다.[14] 고기능 고가격의 브랜드 운동화와 어그부츠가 크게 히트했기 때문이었다.

ABC마트는 유통업체로서의 본업에 충실하는 데 그치지 않고 자체 브랜드를 개발하는 데도 주력하고 있다. 호킨스Hawkins, 반스Vans, 누보Nouvo 등이 대표적으로, 이들 브랜드의 신발은 방글라데시와 미얀마 공장에서 생산된다. ABC마트는 자체 브랜드 제품 비중을 꾸준히 높여 최근 매출 구성비의 45~56%를 차지하고 있다.[15]

ABC마트는 2009년에 개점한 75개를 합쳐 2010년 2월 말 기준으로 일본 내에 총 507개의 점포를 보유하고 있다.[16] 우리나라에서도 2002년 12월 압구정점이 문을 연 것을 시작으로 2010년 현재 31개의 대형 직영매장과 5개의 백화점 매장이 운영되고 있다.[17]

신발가게는 인류의 역사와 함께해온 사업이다. ABC마트의 성공은 아무리 오래된 전통산업에 속해 있다 하더라도 그 접근 방법과 전략에 따라 얼마든지 새로운 수요를 창출할 수 있음을 보여준다.

사업의 재정의, 와타미

두 번째로 살펴볼 주인공은 자신들의 사업을 새롭게 정의해 신사업을 성공적으로 개발한 외식업체 와타미이다.

불황으로 외식업체들이 문을 닫는 상황에서도 와타미는 2009년 1월 이후 예약건수가 20% 늘어날 정도로 선전하였다. 이에 대해 와타미 팜 최고운영책임자^{COO} 다케우치 사토시^{武內智}는 "와타미의 식재료는 안전하다는 소비자들의 신뢰 때문이다."라고 말한다.

실제로 와타미에서는 안전한 식재료를 공급하기 위해 2002년 와타미 팜을 설립하고 직접 농업 비즈니스에 나섰다. 2010년 3월 말 현재 7개 농장을 운영 중이며 2011년 3월 말에는 여덟 번째 농장을 오픈할 예정이다.[18] 이에 더해 와타미는 유기비료 사업에도 착수했다. 이렇게 직영농장에서 공급되는 고품질의 식재료 덕분에 기존에 패밀리 레스토랑을 이용하던 가족고객을 와타미 식당으로 옮겨오는 데 성공한 것이다.

이처럼 '건강과 안전'의 이미지를 쌓은 와타미의 행보는 간호사업으로 이어졌다. 2004년 4월, 와타미는 와타미메디컬 서비스를 설립하며 고령층을 겨냥한 간호사업에 뛰어들었다. 와타미 요양시설은 아직 초기 단계지만 중기적 관점에서 매출의 50%를 목표로 하고 있다.

이러한 노력을 통해 와타미는 연간 매출 1,000억 엔이 넘는 기업으로 성장하였다. 와타미는 외식업의 본질을 '먹는 장사'가 아니라 '신뢰를 주는 장사'라고 생각했기에 전혀 다른 산업군과 융합하면서도 오히려 시너지를 냈다. 자신들의 일을 어떻게 정의하느냐에 따라 차별화는 물론 다양한 산업으로의 확대도 가능하다는 걸 보여준 셈이다.

신성장사업에의 투신, 일본제강소

세 번째로 살펴볼 주인공은 기술역량을 바탕으로 신성장사업에 신속하게 진입한 일본제강소이다.

1907년 설립되어 100년이 넘는 역사를 자랑하는 일본제강소는 최근 주력사업이 바뀌었다. 제강소에서 친환경기업으로 거듭난 것이다. 일본제강소는 원래 사출성형기(射出成形機)를 포함해 기계류를 판매하던 곳이다. 그런데 그 판매가 저조하여 침체를 맞자 자신들이 가진 제강업 역량을 살리면서 차세대 성장 동력이 될 만한 아이템을 찾았다.

결론은 원자력, 풍력 등의 에너지 사업이었다. 일본제강소는 원전 건설이 늘면서 원자로 압력용기 수요가 급증하자 설비 증설에 300억 엔을 투자했다. 그 결과 2010년 현재 세계 원자로 압력용기 시장의 80%를 점유하고 있다.

일본제강소는 2008년 프랑스 원자력 발전소 건설업체인 아레바^{Areva}에서 원전 20기를 수주하기도 했다. 이뿐 아니라 2006년에 진출한 풍력발전기 사업도 확대하여 2009년 중 약 60기를 납품했으며, 2010년도에는 150기 판매를 목표로 하였다.[19]

지금까지 불황에도 성장을 지속한 일본 기업들의 비결을 살펴보았다. 이들의 공통점은 무엇보다 새로운 사업정의를 통해 역량을 발전시키고 추진력 있게 실행했다는 것이다. 불황기에 직면해 활로를 찾고 있다면 이들의 전략을 참고해보는 것은 어떨까.

SERICEO 실전경영 02

- 무려 100년! 세계 최고의 축구전쟁 • 변하되 변치 말라! 마블의 흥행법칙 • 고객이 편애하는 기업, 시스코 • 디자인의 주인공을 바꾸다, 록웰 • 독심술의 명수, 패션기업 코치 • 와인을 만드는 청바지 회사, 디젤 • 오바마를 닮은 와이너리, 켄달 잭슨 • 패션계의 애플, H&M의 차별화 전략 • 일본 작은 가게의 큰 성공 비밀

제4장

그들에겐 특별한 무엇이 있다

무려 100년! 세계 최고의 축구전쟁

한일영

2009년 세계 축구의 핫 이슈 중 하나는 크리스티아누 호날두Cristiano Ronaldo 선수의 이적이었다. 박지성 선수 덕분에 더욱 친근한 영국 맨체스터 유나이티드의 에이스였던 호날두는 역대 최고인 9,400만 유로(약 1,630억 원)에 이적을 감행했다.

이 막대한 금액을 지불한 구단은 바로 스페인의 최고 축구클럽 레알 마드리드이다. 유럽 챔피언스 리그에 대비해 엄청난 비용을 지불한 것이다. 하지만 2008-2009 UEFA^{유럽축구연맹} 챔피언스 리그의 우승은 FC 바르셀로나에 돌아갔다. FC 바르셀로나는 레알 마드리드와 함께 세계 3대 프로축구 리그 중 하나로 꼽히는 스페인의 프리메라리가에 속해 있는, 레알 마드리드의 영원한 맞수이다.

흥미로운 사실은 스페인이나 유럽에 국한되지 않고 전 세계의 축구팬들이 이 레알 마드리드와 FC 바르셀로나가 맞붙는 경기에 아주 뜨겁게 열광한다는 것이다. 과연 이 두 구단의 인기비결은 무엇일까?

실력에서는 맞수, 역사에서는 앙숙

먼저, 이 두 구단의 역사적 배경을 알아보면 경기를 더 재미있게 볼 수 있다. 레알 마드리드와 FC 바르셀로나는 치열한 라이벌로 유명한데, 두 팀은 실력 면에서는 맞수, 역사적으로는 앙숙이다.

　　1930년대 스페인 내전의 승자였던 프란시스코 프랑코 Francisco Franco 장군은 스페인 통합주의자로 유명하다. 그는 1975년 사망할 때까지 독재 상태를 유지한 채 분리 독립을 요구하던 카탈루냐를 철저히 억압했다. 그런데 문제는 프랑코 장군이 바로 레알 마드리드의 광팬이었다는 것과, 그가 억압한 카탈루냐의 수도가 바로 바르셀로나라는 것이다. 결국 바르셀로나의 시민들은 FC 바르셀로나와 레알 마드리드의 경기를 보면서 분노를 극렬히 표출했다.

　　두 팀 간의 경기를 '엘 클라시코 더비 El Clásico Derby'라고 하는데, 엘 클라시코 더비는 이런 역사적 스토리 덕분에 축구 전쟁으로 비유되며 전 세계 축구팬들을 열광시킨다. 하지만 경기를 보는 진짜 재미는 바로 이 두 라이벌 팀의 서로 다른 운영방식에 있다.

영입과 육성, 그들의 서로 다른 전략

먼저, 레알 마드리드는 초호화 군단을 구성해서 매출을 극대화하는 방식으로 운영한다. 지난 2009년 6월 재취임한 플로렌티노 페레스Florentino Perez Rodriguez 회장은 제2기 갈락티코Galactico를 구성했다. 갈락티코란 '은하계'를 뜻하는 스페인어로, 페레스 회장은 지난 2000년에 1기 갈락티코를 구성하여 2006년까지 이끈 전적이 있다.

거액을 투자해 세계 최고의 선수들로 팀을 구성해서 최상의 경기를 팬에게 선사하는 대신, TV 중계료와 광고료 등으로 수입을 올리는 구조이다. 브라질의 최고 골잡이 호나우두Ronaldo, 프랑스의 지단Zinedine Zidane, 포르투갈의 피구Luis Figo, 영국의 베컴David Beckham 등이 1기 갈락티코 시기에 활약한 선수들이다.

2009년 구성된 제2기 갈락티코 역시 만만치 않다. 앞서 언급한 호날두를 비롯해서, 브라질의 에이스 카카KaKa, 프랑스의 에이스 카림 벤제마Karim Benzema 등 세계 일류 선수들을 불황에도 아랑곳 않고 막대한 금액으로 영입했기 때문이다. 카카는 6,500유로(약 1,127억 원)에, 카림 벤제마는 3,500만 유로(약 607억 원)에 영입했다.

페레스 회장은 "호날두와 카카의 영입으로 스폰서도 레알이 세계 최고의 클럽이라는 점을 깨달았으면 좋겠다."라고 말했다. 초호화 군단을 통해 향후 막대한 수입 역시 기대한다는 것이다.

선수들이 이렇게 화려하다 보니 레알 마드리드에는 스타선수를 따르는 광팬이 많다. 또한 그에 비례해 구설수에 오르는 일도 자주 있다. 1953년 레알은 당시의 전설적인 선수 디 스테파노Alfredo Di Stefano가 FC 바르셀로나와 계약하려던 찰나에 가로챘고, 2000년에는 FC 바르셀로나의 대표 선수 루이스 피구를 당시 최고의 이적료 3,780만 파운드(약 740억 원)에 영입하는 모험을 감행했다.

이처럼 레알 마드리드는 모든 방법을 총동원해서라도 최고의 팀을 만들겠다는 목표에 충실하고자 했다. 한편, 이로 인한 부작용도 있다. 선수 빼앗기의 악명과 스페인 내전의 독재자로부터의 옹호가 폭넓은 지지층 확보에 마이너스 요인으로 작용하기 때문이다.

그렇다면 레알 마드리드의 영원한 라이벌 FC 바르셀로나는 어떨까? FC 바르셀로나는 어릴 때부터 선수를 키운다. 물론 스타선수를 영입하기도 하지만, 대부분은 '칸데라

Cantera'라고 불리는 유소년팀을 중심으로 선수를 육성한다. 여기서는 패스 플레이를 꾸준히 훈련시키는데, 이것이 FC 바르셀로나 전략의 주축이다. 2008-2009 UEFA 챔피언스 리그 우승에 활약한 멤버 중 7명이 칸데라 출신이다. 또한 UEFA 유로 2008 우승 이후, 최근까지 FIFA 순위 1위를 기록하고 있는 스페인 국가대표팀의 패스 플레이도 FC 바르셀로나 출신 멤버들이 주역이다.

FC 바르셀로나는 전 세계에 걸쳐 폭넓은 팬들을 보유하고 있는데, 가장 큰 이유는 FC 바르셀로나의 유니폼 정책에 있다. 레알 마드리드의 유니폼에는 타이틀 스폰서$^{title\ sponsor}$인 bwin의 로고가 있지만, FC 바르셀로나의 유니폼에는 아무런 로고가 없었다.

필요한 자금을 전 세계 팬들의 회비를 통해 충당해오던 FC 바르셀로나는 2006년 유니폼에 드디어 로고를 붙였는데, 바로 국제연합아동기금 UNICEF다. 더욱 놀라운 것은 매년 일정액을 UNICEF에 기부하기로 했다는 사실이다. 다른 구단들이 광고로 막대한 수익을 올릴 때 스스로 기부를 실천하는 이미지 전략은 지구의 축구팬들을 감동의 절정으로 몰아넣기에 충분했다.

내 몸에 맞는 전략으로 기본적인 역량을 갖추자

그렇다면 두 팀의 역대 전적은 어떨까?

먼저, 2010년 11월 현재 엘 클라시코 더비의 역대 전적은 레알 마드리드가 208전 85승 42무 81패로 근소하게 앞선다. UEFA 챔피언스 리그에서도 레알 마드리드는 총 9회, FC 바르셀로나는 총 3회의 우승을 차지했다. 매출 면에서도 막대한 거액을 들여 구성한 초호화 군단 레알 마드리드가 20% 정도 높다. 하지만 꾸준한 내실로 잠재 선수층을 쌓아온 FC 바르셀로나의 역량도 점점 강해져서 2008-2009 시즌에는 스페인 축구 사상 첫 트리플 크라운을 달성하는 금자탑을 세웠다. 스페인 정규 리그 우승, 스페인 FA컵 우승, UEFA 챔피언스 리그 우승을 차지한 것이다.

막상막하 두 팀의 축구전쟁! 여전히 레알 마드리드는 초호화 군단의 화려한 축구로 최고의 매출을 올리고 있고, FC 바르셀로나는 탄탄한 축구 실력을 바탕으로 좋은 이미지로 승부하고 있다. 하지만 여기서 꼭 기억해야 할 것은 무엇보다 기본적인 역량일 것이다.

두 구단 모두 수십 년 동안 강력한 라이벌로서 세계 최고의 축구단으로 성장할 수 있었던 것은, 호화 선수단을 모집하든 내실을 다지든 간에 '내 몸에 맞는 전략'으로 꾸준히 기본 역량을 다져왔기 때문일 것이다.

변하되 변치 말라! 마블의 흥행법칙

홍선영

해마다 흥행하는 영화들 가운데 빠지지 않는 단골 주제가 있다. 바로 세계 평화를 위협하는 악당들에 맞서 인류를 구하는, 스파이더맨, 아이언맨, 헐크와 같은 슈퍼 히어로들의 영웅담이다. 이 주인공들은 새로운 애니메이션 강국으로 부상한 일본에서 리메이크될 정도로 명실상부한 세계적 스타가 되었다.

워낙 인기가 있다 보니 이러한 스타 히어로들을 꾸준히 양성하고 관리하는 소속사도 있다. 가장 대표적인 곳이 월트디즈니가 2009년 42억 달러를 들여 인수한 마블엔터테인먼트Marvel Entertainment이다. 마블엔터테인먼트는 2007년 40%나 되는 고성장에 이어 2008년 6억 7,600만 달러의 매출을 기록한 미국 만화업계의 캐릭터 왕국이다.

이 회사는 1960년대 설립 이후, 미국식 영웅 캐릭터가 등장하는 만화책을 출판해 성공하였지만, 1990년대 만화 시장의 침체를 겪으면서 1996년에 파산보호신청을 할 정도로 위기에 빠지기도 했다. 그러한 굴곡 속에서 마블엔터테인먼트가 어떠한 전략으로 재도약에 성공하고 지금까지 승승장구할 수 있었는지 그 비결을 알아보자.

시대상에 부합한 캐릭터 개발이 성공요인

첫 번째 비결은 빠르게 변하는 시대의 코드를 읽어내는 눈이 있었다는 점이다.

2002년에 개봉해 전 세계적으로 4억 달러가 넘는 수입을 얻고 지금까지도 마블엔터테인먼트의 흥행 1위를 기록하고 있는 〈스파이더맨〉은 시대상에 부합한 캐릭터로 성공을 거두었다. 사람들은 불황이나 9·11 테러와 같은 어려운 시기를 겪을수록 현실에서 도피하고 싶고 이상적인 세상을 꿈꾸게 된다. 그러한 시대적 상황과 맞물려서 정의와 사랑을 위해 싸우고 어려움에 놓인 사람들을 구원해주는 스파이더맨의 모습은 사람들에게 쾌감과 카타르시스를 안겨주었다. 또 다양한 가치가 공존하고 세상이 복잡해진 만큼 영화 속에 청년실업, 빈부 차이, 왕따 등 시대 문제를 적극 반영하기도 했다.

사람들은 이제 1970년대 영웅인 슈퍼맨처럼 완전무결한 캐릭터나 단순한 선악 구도, 권선징악적 스토리에는 더 이상 흥미를 느끼지 않는다. 오히려 스파이더맨의 고뇌하고 갈등하는 인간적인 모습과 복합적인 스토리가 더 현실적으로 와 닿으면서 공감을 불러일으켰다.

5,100개의 캐릭터를 스타로 만들다

두 번째 비결은 개별 브랜드를 키우고 연계하는 관리의 힘을 들 수 있다.

마블엔터테인먼트에서의 개별 브랜드는 바로 영웅 캐릭터들이다. 그래서 마블에는 5,100개가 넘는 캐릭터들이 존재하고 각 캐릭터는 자신만의 세계관을 가지고 있다.

마블에서는 다양한 캐릭터를 각각 스타로 만들기 위해 애니메이션, 게임, 영화에 이르기까지 다양한 채널을 통해 단계적이고 활발하게 브랜딩 작업을 하고 있다. 마블의 라이벌인 DC캐릭터사가 배트맨과 슈퍼맨에 크게 의존하는 것과는 확연히 다른 모습이다.

또한 마블에서는 브랜드 통합 전략이라 할 수 있는 캐릭터 통합 전략을 통해 브랜딩의 효율성을 꾀하고 있다. 각 캐릭터들의 정체성을 뚜렷하게 확립하되 하나의 거대한 영웅 연맹인 '어벤저스Avengers'에 속하게 한 것이다. 그래서 영화 〈아이언맨Iron Man〉의 엔딩 크레딧이 오른 후 나오는 히든 영상에서는 또 다른 슈퍼 히어로인 닉 퓨리Nick Fury가 등장해 "세상에 영웅이 자네 하나만 있는 게 아니야"라는 의미심장한 말을 남기기도 했다.

2011년에 등장할 차기작에는 또 다른 슈퍼 히어로 '캡틴 아메리카'도 등장할 예정이다. 이처럼 마블은 자사의 소속 히어로들을 다른 영화들에 교차로 출연시킴으로써 이들 간의 관계를 엮고 발전시켜 새로운 영웅을 보다 쉽게 캐릭터화하고 있다. 더 나아가 2012년 공개를 목표로 마블의 스타 히어로들이 총출동하는 영화 〈어벤저스The Avergers〉를 제작하고 있는 만큼 이러한 캐릭터 연계 작업은 앞으로 더욱 활발해질 것으로 예상된다.

변해야 할 것, 변해서는 안 되는 것

세 번째 비결은 브랜드의 아이덴티티를 지켜가는 힘에 있다.
하나의 원작을 다양한 채널의 콘텐츠로 재생산하는 원소스 멀티유스one source multi-use 전략을 취하다 보니 각 채널의 특성에 맞는 각색은 당연한 일이 되었다. 마블에서는 최대한 원작의 스토리라인을 충실하게 유지하여 충성고객인 원작 마니아들의 기대를 저버리지 않았다. 대신 더욱 개연성 있는 스토리텔링으로 채널의 특성을 살리는 데 노력을 집중했다.

이처럼 기존 마니아들의 사랑을 받는 원작이 왜곡되거나 수정될 가능성을 줄이기 위한 방법으로, 2005년부터는 마블 스튜디오에서 대부분의 영화를 직접 제작하고 있다. 브랜드, 즉 캐릭터의 아이덴티티를 지킬 가능성이 높아진 것이다. 그 결과로 자체 제작한 〈아이언맨〉과 〈인크레더블 헐크The Incredible Hulk〉는 원작에 충실하면서도 매끄럽고 재미있는 내용으로 미국 내에서만 각각 3억 1,000만 달러와 1억 3,000만 달러, 전 세계적으로는 각각 6억 2,000만 달러와 2억 5,000만 달러의 수입을 올리며 큰 성공을 거두었다.[1]

지금까지 살펴본 바와 같이 마블엔터테인먼트처럼 흥행 상품을 만들기 위해서는 시대의 코드를 읽는 눈, 기존의 강점들을 유지하면서도 변화를 시도하는 손, 변해도 될 것과 변하지 말아야 할 것을 구별할 줄 아는 판단력이 필요하다.

고객이 편애하는 기업, 시스코

김상범

시스코CISCO는 네트워크 장비업체 가운데 인지도가 높은 축에 속하는 회사이다. 그런데 또 다른 시스코SYSCO가 있다는 사실을 아는 사람은 별로 없을 것이다. 미국 식품도매 회사인 SYSCO는 2008년 연매출 360억 달러(약 50조 원)를 기록한 세계 최대 식자재 유통업체이다. 이러한 실적은 세계 2위 업체인 US 푸드 서비스US Food Service와 3위 업체인 엘리언트 익스체인지Alliant Exchange를 합친 것보다 더 큰 규모이다.

하버드 경영대학원의 마이클 포터Michael Porter 교수는 시스코의 경이적인 기업실적을 평가하면서 "세계에서 가장 잘 운영되는 기업 중의 하나"라고 이야기한 바 있다. 시스코의 놀라운 성공비결은 과연 무엇일까?

게임의 룰을 새롭게 정하라

먼저, 식품 도매업계에서 게임의 룰을 새롭게 설정한 것이 큰 성공요인으로 작용했다.

식자재 유통업계에서 일반적으로 통용되어온 게임의 룰은 '보다 좋은 식재료를 경쟁사보다 저렴하게 공급한다'는 것이다. 일반적으로 구매자인 식당들은 일정 수준의 품질만 유지된다면 최대한 저렴하게 구입하려 한다. 식자재 가격이 식당의 손익과 직결되기 때문이다. 이러한 이유로 식자재 유통업체 간에 종종 '제 살 깎기' 경쟁이 벌어지기도 한다.

하지만 시스코의 접근 방법은 전혀 달랐다. 시스코의 경우, 가격경쟁은 아예 시도조차 하지 않았다. 대신 다른 고객, 즉 식당을 방문해서 직접 음식을 시켜 먹는 고객들을 생각했다. 그들을 만족시킨다면 자사의 고객인 식당들도 만족할 가능성이 높다고 판단했기 때문이다. 그래서 시스코는 '사람들은 지금 어떤 메뉴를 좋아할까?' '어느 정도의 비용을 지불할 용의가 있을까?' '어떤 인테리어를 선호할까?' 등을 끊임없이 조사했다. 그리고 그 결과를 자사의 고객과 공유했다. 예를 들어, 최근 시스코가 구매자들, 곧 식당들에 전수한 자료는 다음과 같다.

"최근에는 웰빙 열풍에 힘입어 닭고기 샐러드의 인기가 높습니다. 메뉴에 추가하시는 게 어떨까요? 표준화한 조리법이 있으니 바로 활용하시기 바랍니다. 필요한 경우 주방장 교육도 가능합니다. 닭고기 샐러드의 판매가격은 저희 조사에 따르면 9.95달러가 적당한데, 재료비는 접시당 2.85달러가 소요됩니다. 별도의 광고가 필요하시다면 적합한 광고 문구를 지원하겠습니다."[2]

이에 대한 식당들의 반응은 가히 폭발적이었다. 그들에게 꼭 필요한 모든 노하우를 제공하자 식당들은 돈을 더 내더라도 기꺼이 시스코를 선택했다. 그리고 한번 계약을 맺은 고객은 시스코의 다양한 서비스 때문에 다른 경쟁사로 옮길 생각을 전혀 하지 않았다. 미국 휴스턴의 샌더슨 레스토랑은 시스코와 계약한 이후 연매출이 15% 성장하면서 미국 경제주간지 《비즈니스위크》에 성공 사례로 등장하기도 했다.

연합세력을 구축하라

둘째, 다른 기업들의 장기를 모아 연합세력을 구축한 것도 성공에 큰 역할을 했다.

식당 주인들은 기본적인 메뉴 선정부터 시작해서 종업원 복장, 손님맞이 교육, 이메일 마케팅, 심지어 화재보험까지 챙겨야 할 일이 매우 많다. 시스코는 이런 점을 파악해 고객들의 골칫거리를 대신 해주는 서비스, 한마디로 식당 주인이 원하는 모든 것에 대해 원스톱 서비스를 제공하기로 했다.

물론 시스코가 이 모든 일을 직접 한 것은 아니다. 대신 이미 각 영역에서 활동하고 있는 전문 업체들을 연결해주기만 해도 고객에게 충분한 도움을 줄 수 있을 것이라고 판단해 이를 시행했을 뿐이다. 시스코가 전략적 제휴를 맺은 업체는 간판 디자인 기업부터 매장 음악을 관리해주는 기업까지 수십여 개에 이른다.

물론 그 가운데 꼭 필요하고 독점적으로 제공하고 싶은 서비스에 대해서는 M&A를 추진하기도 했다. 예를 들어, 식기 등 주방용품에 특화된 리드^{Reed}를 인수한 것을 비롯해서 병원의 환자식 조리에 특화된 게스트 서플라이$^{Guest\ Supply}$까지 핵심 역량을 조금씩 단계적으로 내재화했다.

중요한 것은 이런 모든 원스톱 서비스 인프라의 중심에 고객이 있다는 점이다. 시스코의 직원은 평균적으로 일주일에 3회 이상 고객 식당을 방문해 불편한 점을 개선하고 새로운 요구사항을 수집한다. 방문한 식당에서 종업원이 결근해 힘들어하면 아무 대가 없이 청소와 설거지를 도와주기도 한다. 시스코는 "고객 식당을 나의 식당처럼 진심으로 아끼는 마음이 없다면 아무리 훌륭한 시스템의 원스톱 서비스일지라도 무용지물이다."라고 말한다.

주인의식으로 최고 팀을 만들라

셋째, 주인의식을 통해 최고의 팀을 만들었다는 것도 성공하는 데 크게 작용했다.

식자재 유통업에서는 단 한 번의 실수가 회사의 생존 여부를 결정짓기도 한다. 그래서 '내 가족이 사먹는 음식'이라는 사명감이 무엇보다 중요하다. 시스코는 직원들에게 주인의식을 갖게 하기 위해 적극적으로 우리사주를 배부하였고, 현재 직원의 65%가 우리사주를 보유하고 있다. 또 임원 내부 승진율이 95%에 달하고, 최고경영진 7명 중 6명이 고객응대 부서 출신이다. 이러한 경향은 글로벌 구미 기업으로서는 매우 드문 현상인데, 고객을 직접 경험하고 잘 아는 사람이 회사를 경영해야 한다는 경영철학이 반영된 결과라고 할 수 있다.

시스코는 새롭게 경쟁의 규칙을 만들고 필요한 내외부 자원을 효과적으로 결집하면서 지속 성장을 달성했다. 전 세계적으로 어려운 경영환경이지만 조금씩 희망의 빛이 보이고 있다. 시스코의 성공 사례는 새로운 성장 동력을 모색하는 데 좋은 계기가 될 것이다.

디자인의 주인공을 바꾸다, 록웰

김상범

매년 아카데미 시상식이 화려하게 열리는 할리우드의 코닥 극장Kodak Theatre, 날생선을 잘 먹지 않는 미국인들의 입맛을 단숨에 사로잡은 세계 최고의 스시집 노부Nobu 레스토랑. 전혀 관계가 없어 보이는 이 두 곳에 공통점이 하나 있다. 바로 공간을 설계하고 디자인한 회사가 같다는 것인데, 록웰그룹Rockwell Group이 그 주인공이다.

 록웰그룹은 이외에도 세계 최고 요리사로 주목받는 고든 램지Gordon Ramsay가 운영하는 런던의 메이즈 그릴Maze Grill 레스토랑, 뉴욕에서 가장 패셔너블한 극장으로 불리는 월터 리드 시어터Walter Reade Theater 등을 디자인했다. 그리고 2008년에는 세계 디자인계에서 높은 권위를 인정받는 '내셔널 디자인 어워드National Design Awards'를 수상했는데, 《포천》지는 이를 보도하며 "록웰그룹이 정점에 올랐다."라고 극찬한 바 있다.

최고의 공간을 원하는 이들이 찾는 록웰그룹. 전체 직원 150명에 불과한 이 작은 디자인 회사가 일류로 승승장구해 온 비결은 크게 2가지로 정리할 수 있다.

다양한 느낌이 다채롭게 혼합된 공간을 창출하라

첫째, 록웰그룹은 다양한 감정이 충만한 공간을 창조한다.

대부분의 디자이너는 통일감을 대원칙으로 삼는다. 그래서 복잡하고 혼란스러운 느낌을 피하기 위해 선과 곡선이 어우러진 세련된 느낌의 통일성을 만드는 데 최선을 다한다.

반면, 록웰그룹은 통일감보다는 다양한 느낌들이 다채롭게 혼합되는 것을 목표로 삼는다. 식당이나 극장 등은 요리를 통해, 혹은 배우나 영화, 공연을 통해 고객들이 다양한 감정을 느끼는 공간이기 때문이다. 통일감만을 고집하면 자칫 고객의 감정과 공간이 따로 놀 수 있다고 록웰그룹은 판단한 것이다.

그래서 업계 전문가들은 록웰그룹의 디자인을 두고 "인상파 화가와 같다"고 이야기하기도 한다. 다양하고 이질적인 색상의 물감을 섞어 아름다운 색을 만든 인상파 화가와 비슷하다는 뜻이다.

여기서 한 가지 흥미로운 점은, 창업자 데이비드 록웰 David RockWell을 비롯해 록웰그룹의 디자이너들에게는 특정 분야의 장기가 없다는 것이다. 대부분의 디자이너들이 낭만적 디자인에 특히 강하거나, 금속, 나무 소재 등을 잘 사용한다거나 하는 차별화된 특기를 가진 것과는 차이가 있다.

이에 대해 데이비드 록웰 사장은 "나는 같은 일을 반복하는 것을 싫어하고, 그래서 다른 디자이너와 차별화되는 한 가지 특기를 가지지 않는다."라고 말한다.[3] 대신 록웰의 디자이너들은 건물 디자인뿐 아니라, 공연 무대, 설치미술, 장식품에 이르기까지 다양한 분야에 관심을 두고 연구한다.

그리고 이러한 다양한 탐구는 성과로 이어진다. 예를 들면, 록웰그룹이 최근 심혈을 기울여 디자인한 모히건 선 카지노 Mohegan Sun Casino는 자작나무 껍질로 만든 벽면, 유리 케이스에 담긴 칠면조 깃털, 마른 옥수수 껍질로 장식한 벽면, 3,000만 개의 구슬로 장식된 천장 등 다양한 소재로 꾸며졌다. 또 세계 최고 스시집 노부 레스토랑은 세련된 대리석 천장에 전복 껍데기로 만든 샹들리에를 달아 새로운 느낌을 창조해냈다.

록웰의 직원들은 새로운 건축 소재를 찾기 위해 근무 시간의 10%를 무조건 할애한다는 원칙을 정해두고 있다고 한다. 이러한 노력 덕분에 다양성과 의외성을 가진 디자인이 탄생될 수 있는 것이다. 늘 새로움을 선사하는 록웰그룹의 디자인은 고객들로부터 뜨거운 호응을 얻으면서 신뢰로 연결되었다. 경쟁사들이 자신만의 강점에 매몰되어 다른 선택을 생각하지 못할 때 틀을 깨는 유연한 디자인을 선보였기 때문이다.

본질을 놓치지 않기 위해서는 귀를 활용하라

둘째, 록웰그룹은 '눈'과 더불어 '귀'도 중요하게 여긴다.

흔히 디자인 작업은 '시각적인 아름다움'이라고 생각하기 때문에 특히 극장이나 레스토랑 같은 경우에는 더욱 화려하고 아름답게 꾸미려는 경향이 강하다. 이에 대해 록웰그룹은 "외양에 치중한 나머지 종종 본질에서 멀어지는 경우를 가장 주의해야 한다."라고 일침을 가하며, 디자인할 때 눈과 함께 귀를 중시해야 한다는 점에 집중했다.

록웰은 프로젝트를 맡으면 우선 '귀'를 열어둔 채 그 공간을 이용할 다양한 사람들부터 만난다. 식당이라면 요리사, 종업원은 물론 미래에 찾아올 고객까지 꼼꼼히 챙겨 그들을 만나 의견을 듣는다. 물론, 이때 그들이 좋아하는 식탁이나 벽지 색깔 따위를 묻는 것은 결코 아니다. 가장 핵심적으로 파악하는 것은 '그들이 그곳에서 어떤 이야기를 나눌 것인가' 하는 점이다. 사람들의 이야기 속에서 자연스럽게 빛날 수 있어야 좋은 디자인이라는 생각에서다.

이와 관련해 주요 고객사인 노부 레스토랑의 창업주인 노부 마츠히사松久信幸는 "록웰그룹의 인테리어는 참치 맛을 더욱 참치답게 만든다."라고 말하기도 했다. 주방장이 코스 요리를 통해 고객에게 무언의 말을 걸고, 고객은 주방장의 정성과 손길을 느낄 수 있는 디자인이라는 것이다.

록웰그룹이 추구하는 것은 명확하다. 요리사와 고객이 소통하는 식당, 배우와 관객이 하나되는 극장, 이처럼 그곳에 모인 이들이 소통하는 데 최적의 배경이 될 수 있는 공간을 디자인하는 것이다. 데이비드 록웰은 "디자인에서 가장 중요한 것은 이야기를 듣는 것이고, 이야기는 아이디어의 근본 토대이다."라고 록웰의 디자인 철학을 정의한다.[4]

이처럼 록웰그룹은 다른 디자인 기업과 달리 통일감보다는 다양성을 창조했고, 기존 디자인의 주인공이었던 '시각적 아름다움'을 '소통의 아름다움'으로 바꿔 세계 최고 수준의 디자인 회사로 성공할 수 있었다.

록웰그룹의 성공 사례를 통해 우리가 당연하게 여기는 '기준'들에 대해 새로운 시각을 부여해보는 건 어떨까.

독심술의 명수, 패션기업 코치

김상범

2007년 미국 500대 기업 중 가장 빠르게 성장한 기업은 어디일까? 첨단 인터넷 기업 구글이나 유가 급등으로 이익을 본 석유화학 업체라고 생각하는 사람이 많겠지만, 《포천》지가 선정한 미국 초고속 성장 기업 1위는 놀랍게도 여성용 명품 가방으로 유명한 '코치Coach'였다.

최근 글로벌 금융위기로 성장이 둔화되긴 했지만 2005년부터 2007년까지 3년간 코치의 매출액은 매년 24%씩 성장했고 영업이익률은 25%에 육박했다. 전문가들은 이러한 코치의 성공을 두고 "고객의 마음을 누구보다도 효과적으로 간파하는 능력" 때문이라고 분석했다.[5] 치열한 패션업계에서 코치가 고객을 사로잡아 승승장구한 노하우를 살펴보자.

감성보다 숫자를 중요시한 코치

첫째, 우선 코치는 고객을 머리, 즉 이성理性으로 이해한다.

패션업계는 제품의 특성상 디자인과 같은 감성적인 측면이 강조된다. 그런데 코치는 의외로 숫자를 통한 분석을 중시했다. 고객의 소비 행태를 정확하게 파악하려면 과학적인 방법이 필요하다는 판단에서였다.

코치는 매년 수백만 달러의 비용을 투자해서 인터넷, 전화, 매장 등의 채널을 통해 6만 명 이상의 고객자료를 모으로 이를 데이터베이스화했다. 그리고 그를 통해 소비자들의 취향이 어떻게 변하는지 파악하고 겉으로 보이지 않는 소비 트렌드를 발견해냈는데, 코치의 데이터베이스 분석력에 전문가들도 혀를 내두를 정도이다.

일례로, 코치는 가볍게 메고 다닐 수 있는 손가방의 하나인 사첼백을 준비하면서 고객이 과연 얼마까지 지불할 것인지를 관련 업계에서 최초로 밝혀냈다. 그동안 패션업계에서는 경험적으로 동일한 제품군의 가격 상한선을 300달러로 추정하고 있었다. 이에 코치는 면밀한 분석을 통해 고객이 328달러까지 지출할 용의가 있다는 사실을 간파하고 경쟁사보다 더 높은 가격으로 제품을 출시했다.[6] 결국 그 제품은 빅 히트를 기록했고, 비싸게 판 만큼 수익률도 당연히 높았다.

속도로 고객을 사로잡다

둘째, 코치는 고객을 가슴으로 이해하는 일에도 게으르지 않았다.

사실 명품 시장은 소수의 강자가 지배하는 구조이다. 많은 기업들이 루이비통과 프라다 등 전통적인 강자에 밀려 성과를 내지 못하는 가운데 코치도 내리막길을 걸어야 했다. 품질과 기능 면에서는 자신 있었지만 브랜드에 대해 고객이 갖는 정서적인 만족감은 어쩔 수 없는 영역이었다.

'물건은 좋지만 막상 사기에는 망설여지는 제품.' 바로 코치를 두고 하는 말이었다. 코치는 이 문제를 해결하기 위해 고심하던 중, 시간이 지나면 바로 싫증을 내고 항상 최신의 제품을 갖고 싶어하는 소비자의 마음을 읽고는 '속도'에 올인했다. 그에 따라 보통 경쟁사들이 한 달 단위로 신제품을 출시했다면 코치는 거의 매주 신제품을 출시했다.

코치는 그때까지의 제품 디자인들을 모두 백지화하고 모양과 색상은 물론 제품 구석구석의 사용 용도까지 매번 새롭게 디자인했다. 그만큼 개발 비용이 많이 들었지만, 코치는 이런 제품에 소비자들이 얼마를 지불할지 잘 알고 있었기 때문에 기꺼이 투자를 할 수 있었다.

코치의 빠른 움직임 속에 매주 새롭게 선보이는 디자인은 예상대로 고객들의 마음을 사로잡았다. 코치의 제품들이 패션 트렌드를 선도하는 지표가 될 정도였다. 코치가 미국 시장에서 판매한 제품 중 30%가 신제품이었다는 사실은 이 '속도전'의 효과를 여실히 증명해준다.

기업의 이미지 조사 결과를 비교해보더라도 코치의 이미지 변화는 분명하게 드러난다. 10여 년 전만 하더라도 소비자들이 코치에 대해 갖고 있던 이미지는 "전통적, 고전적"이라는 응답이 대부분이었다. 그러나 최근에는 대다수가 "첨단 유행을 선도한다"라는 브랜드 이미지를 가지고 있는 것으로 답했다.

코치의 CEO 루 프랑크포트Lew Frankfort는 이렇게 강조한다.

"우리의 경쟁력 원천은 고객에 대한 심층조사에 있다. 코치가 지속적인 성장을 할 수 있는 비결도 고객이 진화한 만큼 우리도 같이 진화한 것이다."[7]

고객에게 사랑받는 기업이 되는 비결을 꼽으라고 한다면 '고객의 마음을 잘 아는 것' 이상의 정답이 또 있을까. 코치는 이를 위해 고객을 머리와 가슴으로 이해함으로써 사랑받는 기업으로 다시금 우뚝 설 수 있었다.

와인을 만드는 청바지 회사, 디젤

하송

청바지는 누구나 한 벌쯤은 가지고 있는 필수 아이템이다. 젊은 층은 물론이고 나이가 지긋한 중년들도 청바지를 입기 위해 뱃살을 줄이려고 노력한다. 이처럼 청바지는 나이를 불문하고 열정과 젊음, 자유를 상징하는 옷으로 폭넓은 사랑을 받아왔다.

아랫단이 과장되게 넓은, 일명 나팔바지로 불리는 부츠컷 청바지부터, 극도로 몸에 달라붙어 혈액순환이 될까 싶은 스키니진까지 시대별로 유행하는 청바지도 다양하다. 또 오래 입어서 색이 바래거나 얼룩이 묻어 있고 심지어 여기저기 찢어져 해진, 일명 '빈티지 스타일'의 청바지도 있다. 지금이야 '빈티지' 혹은 '구제'라는 단어가 익숙하지만, 이런 청바지가 처음 만들어진 30년 전만 해도 다들 '찢어지고 구멍 뚫린 청바지'에 기겁을 했다. 하지만 이내 이 청바지는 '베껴 쓰기식 디자인에서 탈피한 독창적인 디자인'으로 큰 성공을 거두었다.[8] 바로 패션의 본고장 이탈리아의 브랜드, 디젤 DIESEL 의 작품이었다.

디젤은 1978년 고작 18명의 직원과 재봉틀 몇 대로 시작했다. 하지만 2009년 대략 7억 달러의 매출을 기록하며 전 세계에 걸쳐 300~400개의 브랜드 스토어를 갖춘 성공 기업이 되었다.

이렇게 30여 년 동안 '진'을 새로운 영역으로 발전시키고 디젤을 '진의 대명사' 반열에 올려놓기까지는 디젤 창업주 렌조 로소 Renzo Rosso 의 색다른 경영방식을 빼놓을 수 없다. 각국 경영자들이 앞 다투어 벤치마킹하는 디젤의 독특한 마케팅 비법은 무엇일까?

패션 기업들의 관행에서 벗어나라

첫째, 디젤은 패션 기업이지만 기존 패션 기업들의 성공 공식을 벗어났다.

우선, 특이하게도 굳이 트렌드를 읽지 않는다. 패션 기업이라면 시즌마다 열리는 패션쇼에 참석해서 미리 유행을 파악하고, 전 세계에서 발행되는 패션 관련 잡지를 모조리 꿰고 있는 것이 당연하다. 하지만 디젤은 다르다.

렌조 로소는 패션 전문가나 분석가들의 의견을 아예 듣지 말라고 당부한다. 창의적인 아이디어를 구상하는 데 오히려 방해가 될 수도 있기 때문이다. 그는 천편일률적인 패션 트렌드보다 현실에서 발견한 다양한 아이템들을 통해 독창적인 스타일을 창조해내는 데 집중할 것을 강조한다. 실제로 디젤 직원들은 패션쇼에 참석하거나 패션잡지를 분석하는 대신 전 세계 유명 도시들을 돌아다닌다. 그리고 그곳의 포스터와 엽서, CD와 클럽 광고지, 구제 옷 등에서 영감을 얻는다.

또 하나, 디젤의 본사 역시 시내 중심가에 있지 않다. 패션 기업들 대부분은 이탈리아 밀라노 등 도시의 중심가에 본사를 두고 있다. 하지만 디젤 본사는 아직도 창업지인 이탈리아 북부의 작은 마을 몰베나Molvena에 위치해 있다. 얼핏 보기에는 패션 기업으로서 첨단을 걷지 않고 작은 시골마을에 있는 것이 글로벌 트렌드를 따라잡는 데 치명적일 것 같다. 하지만 렌조 로소는 전혀 문제가 되지 않는다고 말한다. 대신 디젤의 디자이너들은 밀라노가 아닌 온 세계를 누비며 영감을 얻고 있다는 것이다. 그는 오히려 시골의 한적한 분위기에서 생각을 정리하는 힘을 얻을 수 있다고 역설한다.

다른 업종과 공생하라

둘째, 디젤의 성공비결은 '문화 예술과의 공생' 마인드에 있다.

브랜드 홍보에서 마케팅은 필수다. 그런데 디젤은 이미 30년 전에 이 중요성을 깨달았다. 특이한 점은 예술과 문화를 마케팅에 접목했다는 사실이다.

그 일환으로 디젤은 이탈리아 북부에 약 100헥타르 규모의 와인 농장을 직접 운영한다. 전 세계에서 포도 재배에 유능한 인재들을 모아 약 1만 병의 와인을 생산, 엄선해 '빈 디젤Vin Diesel'이라는 라벨을 붙여 판매하고 있다.

청바지 회사에서 와인을 만든다는 발상이 다소 엉뚱해 보인다. 다른 패션 브랜드처럼 새로운 사업으로 시작한 것도 아니다. 디젤 와인은 문화마케팅의 하나로 디젤 농장이라는 독특한 스토리를 전달하기 위해 기획된 것이다. 와인의 고급스러운 이미지와 함께 디젤 농장이라는 친환경적 요소가 브랜드 이미지에 긍정적인 영향을 주고 있다.

디젤은 아트마케팅도 꾸준히 진행하고 있다. 대표적인 것이 해마다 개최하는 'ITS 콘테스트'로, 디젤은 이 행사를 통해 젊은 디자이너 25명을 선발한다. 그리고 뉴욕, 밀라노, 베를린 등지에 위치한 '디젤 월Diesel Wall'이라는 공간에서 재능을 맘껏 뽐낼 기회를 준다. 이뿐만 아니라 'Diesel: U'라는 라디오 채널을 만들어 숨은 아티스트들이 음악적 재능을 선보일 수 있는 기회도 마련해놓고 있다.

이러한 마케팅 활동을 통해 디젤은 이들의 순수한 열정과 창의적인 아이디어에 자극을 받고 실제로 제품에 적용하기도 할 뿐 아니라 기업 이미지를 한층 업그레이드한다.

제품 그 이상을 팔라

셋째, 디젤의 성공비결은 '제품 그 이상을 팔라'는 경영철학에 있다.

디젤은 패션 브랜드에게 중요한 것은 상품 자체가 아닌 커뮤니케이션이라고 말한다. 예컨대, 광고를 소통의 도구로 활용한다. 이것은 일련의 디젤 광고를 통해서 잘 알 수 있다.

한 광고에서 비정상적으로 다리가 긴 모델이 커다란 담배 위에 앉아 있다. 그 아래에는 "하루에 담배 145개 피우는 법"이라는 카피가 적혀 있고 해골이 함께 그려져 있다. 교묘하게 금연 메시지를 전달하는 광고이다. 또 권총을 들고 있는 남자 모델 밑에 미국의 총기 문화를 비판하는 카피를 담은 광고도 있는데, 이 광고는 큰 논란을 불러일으키기도 했다. 이 밖에도 북한의 기아 문제나 지구 온난화 문제 등 사회적 이슈와 관련된 메시지를 담은 캠페인 광고를 하기도 했다. 이러한 일련의 광고를 통해 디젤은 항상 이야깃거리를 만들었고, 화제의 중심에 섰으며, 시대와 소통하는 브랜드라는 이미지를 심어주었다.

청바지 브랜드 디젤은 한 해 마케팅 비용으로 약 4,000만 달러를 쓴다고 한다. 수십억을 쓰는 다른 글로벌 패션 브랜드에 비해 터무니없이 작은 규모다. 하지만 단 한 번도 판매 실적이 떨어지지 않았을 정도로 성공을 거두었다. 무엇보다 기존 업계의 틀을 깨는 시도, 업종 간 틀을 깨고 타 업종과도 손잡으려는 노력, 그리고 패션 브랜드라는 틀마저 깨고 제품보다는 사회와 소통하려는 노력으로 어필한 것이 디젤의 성공을 만들었다고 할 것이다.

창업주 렌조 로소는 이렇게 말한다.

"지난 30여 년간 디젤은 단 한 번도 같은 이미지로 어필한 적이 없다. 우리는 세상보다 먼저 변해 대중에게 더욱 새로운 것을 제공하고 있다."

소비자들에게 새로움을 주기 위해 지금 우리의 기업은 과연 어떤 '틀'을 깨고 있는지 생각해봐야 할 것이다.

오바마를 닮은 와이너리, 켄달 잭슨

이승현

"지난 8년간 백악관에는 와인이 단 한 병도 없었지만, 오바마의 취임으로 미국인의 와인 소비 행태에 큰 변화가 있을 것이다."

2009년 초, 뉴욕에서 열린 와인시장 연구회의에서 나온 말이다. 그도 그럴 것이 조지 부시 전 대통령은 술을 마시지 않았지만, 버락 오바마 대통령은 시카고 집에 와인 1,000병을 보관할 수 있는 와인셀러를 가지고 있을 정도로 와인을 즐긴다.

백악관의 공식 정찬에서는 미국 와인만 제공된다. 그래서 지금 미국의 와인업계에서는 오바마가 어떤 와인을 즐기는가가 초미의 관심사다.

오바마의 와인

오바마가 즐겨 마시는 와인, 이른바 '오바마의 와인'은 무얼까? 미국 테이블 와인 판매 1위, 10여 년간 미국 레스토랑 판매 및 선호도 1위를 차지한 켄달 잭슨Kendall-Jackson이 바로 그 주인공이다.

비록 오바마 대통령의 취임 축하 만찬 자리에는 오르지 못했지만, 켄달 잭슨의 인기는 오바마의 유명세를 타고 날로 상승하고 있다. 흥미롭게도 켄달 잭슨은 오바마를 많이 닮았다. 오바마가 그랬던 것처럼 켄달 잭슨 역시 주위의 편견과 고정관념을 깨고 단기간에 정상의 위치에 올라섰기 때문이다.

켄달 잭슨은 1982년에 설립된 와이너리Winery이다. 설립한 지 불과 1년 만인 1983년, 켄달 잭슨은 첫 번째 와인으로 '켄달 잭슨 빈트너스 리저브 샤도네이Kendall-Jackson Vintner's Reserve Chardonnay'를 출시했다. 이 와인은 각종 대회에서 수상하면서 높은 인기를 끌었고, 20년간 가장 많이 팔린 샤도네이 와인으로 선정될 정도로 지금도 그 인기를 유지하고 있다.[9]

켄달 잭슨이 이렇듯 초고속 성장을 할 수 있었던 비결은 무엇일까?

켄달 잭슨의 설립자인 제스 잭슨Jess Jackson은 말 그대로 와인업계의 아웃사이더였다. 그는 샌프란시스코에서 변호사를 하다가 뒤늦게 와인사업에 뛰어들었다. 그래서인지 기존의 와이너리와는 전혀 다른 방식으로 사업을 전개했다. 크게 보면, 통념을 뛰어넘은 남다른 경영방식이 곧 켄달 잭슨의 성공비결이라 할 수 있다. 켄달 잭슨의 남다른 경영방식은 크게 3가지로 정리할 수 있다.

거꾸로 걸어 더 먼저 도착하다

첫째, 켄달 잭슨은 순서에 얽매이지 않았다.

대개 와인업체는 다음과 같은 과정을 거친다. 먼저 우수한 부지를 매입하고, 다음으로 우수한 종자의 포도나무를 심어 재배한다. 그리고 수확한 포도에 적합한 와인 제조방식을 정한 다음, 와인을 생산·출시하고 브랜드를 구축한다.

그런데 이런 방식은 부지를 매입하는 데에 많은 시간과 자원을 필요로 한다. 그뿐 아니라 포도나무가 성장하는 데도 3~5년이라는 긴 시간이 필요하다. 즉, 초기 비용이 많이 든다. 더욱이 와인 제조에 필요한 기술력을 안정적으로 확보하는 데도 또 다른 긴 시간이 필요하다. 그 때문에 웬만한 자금력과 인내심 없이는 시작할 엄두를 내기가 어렵다.

켄달 잭슨은 이런 약점을 극복하기 위해 거꾸로 과정을

밟아 나갔다.

우선, 대개의 와이너리가 맨 마지막에 하는 와인제조 기술력을 가장 우선적으로 확보했다. 대학에서 와인 양조학을 전공한 전문가들을 영입한 것이다. 그 다음, 개방형 소싱을 적용해 질 좋은 포도를 생산하는 와이너리와 계약을 맺었다. 다른 와이너리에서 구매한 포도를 가지고 블렌딩해서 와인을 생산한 것이다. 그리고 이렇게 해서 얻은 수익으로 포도를 재배할 부지를 매입했다. 이처럼 거꾸로 하는 방식으로 켄달 잭슨은 설립 1년 만에 와인을 출시할 수 있었을 뿐 아니라 초기 투자규모 또한 크게 줄이며 빠르게 사업을 확장할 수 있었다.

블렌딩으로 맛을 예측할 수 있게 하다

둘째, 켄달 잭슨은 지역에 얽매이지 않았다.

1980년대, 프랑스의 와이너리들과 마찬가지로 캘리포니아에 있는 대부분의 와이너리도 특정 지역이나 포도원에서 수확한 포도를 가지고 와인을 제조했다. 다시 말해, 포도의 품종보다 생산지를 중요하게 여겼다. 그 지역의 토양에 따라 와인의 맛이 달라지기 때문이다.

그런데 생산지가 일정해도 문제는 남아 있었다. 해마다

일조량이나 강우량에 따라 와인의 품질이 크게 달라져서 일정한 품질을 유지하기가 어려웠던 것이다.

이러한 문제를 극복하기 위해 켄달 잭슨은, 지역보다 최종 산출물인 와인의 맛과 품질에 우선순위를 두기로 했다. 단일 포도원에서 생산된 포도로 만든 와인이라는 기존의 틀을 과감히 버리고 생산지보다 품종을 우선시한 것이다. 켄달 잭슨은 산타 바바라Santa Barbara, 소노마Sonoma, 레이크 카운티Lake County 등 캘리포니아 전 지역에서 생산된 포도를 구입했고, 이를 블렌딩해서 원하는 맛과 향의 와인을 제조했다. 그 결과, 켄달 잭슨의 와인은 생산연도에 크게 좌우되지 않고 상대적으로 일정한 품질을 유지할 수 있었고 소비자들의 선호도도 크게 높아졌다.

'매스 부티크' 와인 시장을 개척하다

셋째, 켄달 잭슨은 기존 고객층에 얽매이지 않았다.

1980년대 미국에서 와인의 주 수요층은 단연코 중장년층이었다. 젊은 층은 맥주를 주로 마셨다. 하지만 켄달 잭슨은 이에 얽매이지 않고, 젊은 층을 주된 타깃으로 설정했다.

가격에서도 그러했다. 기존의 와인시장은 고가와 저가로 나뉘어 있었는데, 켄달 잭슨은 그 중간대 시장을 집중 공략

했다. 그렇게 비싸진 않지만 맛과 향은 훌륭한 와인을 만들겠다는 목표를 확실하게 정한 것이다.

물론 이를 위해 켄달 잭슨은 대량으로 포도를 구입하여 단가를 낮추고 이에 과학적인 블렌딩 기법을 접목했다. 그래서 10달러 정도로 가격을 맞추되 높은 수준의 품질을 가진 이른바 '매스 부티크' 와인시장을 개척할 수 있었다.

누구나 남다르게 살기 원한다. 남다른 아이디어, 남다른 패션, 남다른 철학을 가지고 싶어 한다. 하지만 남다르게 살 용기를 가진 사람은 그리 많지 않다. 그래서 보통 "혼자 사는 세상도 아닌데"라고 스스로를 위안한다.

남다른 사업, 남다른 삶을 꿈꾼다면 용기를 내야 한다. 디자인부터 결정한 다음 그 안에 어떤 기술을 넣을까 고민한 아이팟이나, 전통을 중시하는 와인업계에서 기존의 모든 방식을 뒤엎고 처음부터 다시 시작한 켄달 잭슨처럼 말이다.

패션계의 애플, H&M의 차별화 전략

하송

미국의 의류 브랜드 갭^{GAP}과 스페인 의류 브랜드 자라^{ZARA}가 한국에 상륙하면서 소비자들의 뜨거운 반응을 얻고 있다. 갭이나 자라, H&M$^{Hennes\&Mauritz}$, 유니클로^{UNIQLO}, 포에버21^{FOREVER21}, 망고^{MANGO}, 스파오^{SPAO} 등등 최근 소개되어 인기를 얻고 있는 이들 기업은 공통점을 가지고 있는데, 바로 'SPA' 기업이라는 것이다.

SPA란 '전문점$^{Speciality\ retailer}$', '자사상표$^{Private\ label}$', 그리고 '의류^{Apparel}'의 첫 글자를 조합해 만든 합성어로, '제조 직매형 의류 브랜드'를 의미한다. 즉, 회사가 원자재 공급에서 기획, 생산, 유통에 이르기까지 모든 과정을 담당하는 것이다. 요컨대, SPA 기업은 옷을 직접 기획하여 생산하고 자체 유통망을 통해 직영매장에서 판매함으로써, 생산, 유통, 판매 기능을 수직적으로 통합한 시스템을 갖추고 있다. 중간 유통 과정을 생략해서 빠른 시간에 저렴한 가격으로 소비자에게 제품을 제공하고 있는 셈이다.

글로벌 SPA 브랜드 중 1위를 달리고 있는 기업은 단연 H&M이다. 1947년에 사업을 시작한 H&M은 2010년 현재 38개국에 걸쳐 7만 6,000명의 종업원을 거느리고 약 2,200개의 매장을 운영하고 있다.[10] 2008년 4월에는 인터브랜드Interbrand가 발표한 '유럽 최고 브랜드 100'에서 프랑스 유통 기업 까르푸를 제치고 1위를 차지했다. 우리나라에서도 2010년 2월 명동에 1호점을 내면서 큰 관심을 받았으며 9월에 2호점을 개장했다. 성장세를 드러내며 패션 시장을 주도하고 있는 H&M의 마케팅 비결은 과연 무엇일까?

생산 시스템의 아웃소싱

첫째, H&M은 다른 SPA 기업과는 차별화된 독특한 생산 시스템을 갖추고 있다.

흔히 SPA 기업을 '패스트 패션Fast Fashion'이라고도 부른다. 말 그대로 뜨는 트렌드가 즉시 반영되어 생산과 유통이 이루어지는 '빠른 패션'이라는 것이다. 예를 들면, 자라는

2주에 한 번씩 신상품을 디자인하고 1주에 한 번씩 의상을 새롭게 교체해서 진열한다. 한번 판매된 제품은 이후 다시 찾을 수 없는 셈이다.

그런데 H&M은 대부분의 SPA 기업과 달리 생산 부문을 아웃소싱하면서도 '패스트 패션'을 유지하고 있다. 경쟁 기업인 자라가 본사 근처에 11개의 공장을 두고 있는 데 반해, H&M은 아시아와 유럽 전역의 700개가 넘는 공급업체를 이용한다.[11] 하지만 개발 기간은 다른 SPA 기업만큼 빨라서, 디자인에서 매장 디스플레이까지 단 2주밖에 걸리지 않는다. 제품 디자인이 시스템에 입력되면 전 세계 공장에서 1주일 내에 샘플을 만들어 본사에 전달하고, 다시 1주일 내에 재수정을 거쳐 매장에 출시한다.

피라미드 디자인 철학

둘째, H&M은 모든 고객을 타깃으로 하는 제품 포트폴리오를 가지고 있다.

H&M의 디자인 철학은 종종 피라미드에 비유된다. 첨단 디자인 제품을 꼭지점에 내세우고, 가운데에는 일반 소비자들이 소화할 수 있는 패션을, 밑바탕에는 베이직한 패션을 배치한다. 명품 스타일의 최신 트렌드 제품에서 일상재와 같

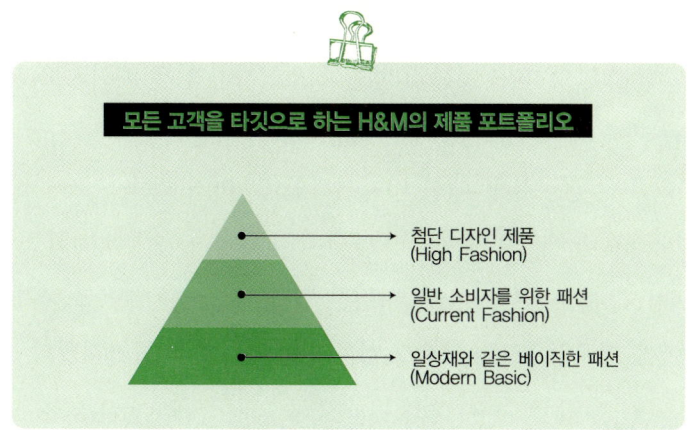

은 제품까지 모든 라인업을 구축한 셈이다.

 제품군이 다양하다 보니 소비자들은 자신의 기호와 입맛대로 다양한 선택을 할 수 있다. 심지어 쇼윈도의 트렌디한 패션에 이끌려 매장을 방문했다가, 실제로는 다소 베이직한 의류를 구입한 소비자들도 자신이 최근 유행하는 의류를 구입했다는 느낌을 받고 높은 만족감을 느낀다.[12]

자사 고유의 스타일 구축

셋째, H&M은 패션쇼의 스타일을 빠르게 카피하는 업계의 관행에서 벗어나 자사 고유의 스타일을 만드는 데 주력했다.

 H&M에서는 디자이너로 구성된 트렌드 그룹이 세계 주요 도시의 일상에 숨어 있는 트렌드를 조사한 후 디자인에

재빨리 반영한다. 또한 일반인이 소화하기 힘든 패션쇼보다는 대중 스타의 스타일에 주목한다.

최근에는 유명 패션 디자이너인 칼 라거펠트$^{Kahl\ Lagerfeld}$나 스텔라 매카트니$^{Stella\ McCartney}$와의 협업을 통해 스페셜 브랜드를 출시했다.[13] 이는 저렴한 명품 브랜드를 일반 소비자에게 제공함으로써 브랜드 가치를 높이는 효과를 가져왔다.

H&M을 지금 위치로 끌어올린 비결을 곰곰이 돌아보라. 시장의 트렌드를 빠르게 읽고 제품에 반영하는 능력, 제품의 디자인과 매장에 이르기까지 자신만의 독특한 스타일을 만드는 능력 등은 비단 패션업계에서만 요구되는 것은 아니다.

흥미롭게도 H&M의 전략은 전자업체인 애플의 전략과 매우 닮았다. 실제로 애플은 2001년부터 자사 소유의 생산기지를 폐쇄하고 대만의 홍하이^{鴻海}, 아수스텍^{Asustek}, 인벤텍^{Inventec} 등 전자제품 생산전문 기업^{EMS}을 활용한 생산 시스템으로 전환했다. 하드웨어는 외부 기술에 의존하고 디자인과 기술개발에 주력한 것이다. 또한 주로 직영점을 통해 판매하는 SPA 기업처럼, 애플도 현재 5개국에서 200개 이상의 직영매장을 운영하고 있다. 여기서 매출액의 20%를 얻는다.

고객의 빠른 트렌드에 대응하는 전략! 우리나라 소비자들에게도 성큼 다가온 H&M의 마케팅에서 힌트를 얻을 수 있을 것이다.

일본 작은 가게의 큰 성공 비밀

이민훈

국내 유통 서비스는 1980년대에 완전 개방되었다. 1996년에는 매장 면적이나 점포 수에 대한 제한이 모두 철폐되었다. 그러자 백화점과 할인점들이 대형화, 복합화를 기치로 내걸고 너도나도 몸집 키우기를 생존 전략으로 내세웠다. 유통업체당 평균 거래액이 2003년 130억 원에서 2006년 360억 원으로 3년간 무려 3배 가까이 증가했다.

이러다 보니 소형 점포들과 유통업체들은 하나둘 문을 닫고 생존을 위협받는 상황에 이르렀다. 이런 상황에서 대형 유통업체에 비해 몸집은 작지만 알찬 성과로 행복한 미소를 짓는 일본의 소형 유통업체들이 눈길을 끌고 있다.

아메요코 시장의 명물, 시무라 상점

대표적인 예가 일본의 '아메요코ｱﾒ横 시장'이다. 아메요코 시장은 한국 여행객들 사이에서 '일본의 남대문시장'으로 불릴 만큼, 저렴하고 다양한 멋과 맛을 즐길 수 있는 재래시장이다. 지금은 도쿄 여행의 필수 코스로 알려졌다.

아메요코 시장이 도쿄의 명물로 자리매김하는 데는 단연 '시무라 상점志村商店'의 역할이 컸다. 시무라 상점은 초콜릿 가게인데, 가게 앞은 날마다 초콜릿을 사러 온 수십 명의 손님들과 구경꾼들로 장사진을 이룬다.

일본어를 잘 모르는 관광객도 일본어 속에서 쉴 새 없이 들리는 "사비스service, 사비스"라는 말에 발길을 멈추고 줄을 서게 된다. 대체 시무라 상점의 초콜릿이 얼마나 특별하기에 이런 진풍경이 펼쳐지는 걸까?

주인인 시무라 가추히사志村勝久의 이름을 딴 시무라 상점에서 파는 초콜릿은 특별할 게 없어 보인다. 보통 한국 마트에서도 쉽게 구할 수 있는 초콜릿들이다.

하지만 그 판매 방법이 기발하다. 일단 가격은 무조건 한 봉지당 1,000엔으로 고정되어 있다. 그리고 그 봉지에 초콜릿을 마구 넣어준다. 어떤 초콜릿이 얼마나 들어갈지는 아무도 모른다. 하지만 손님들은 물가 높기로 유명한 도쿄에서 느끼기 어려운 후한 인심을 이곳에서 경험한다.

이 같은 덤 전략의 이점은 무엇일까? 우선 가격을 고정시켜놓음으로써 손님과 흥정하느라 힘 뺄 일이 없다. 또 낱개로 판매하지 않기 때문에 가격을 셈하는 데 드는 시간과 노력도 대폭 절약된다. 거스름돈을 주고받을 필요도 없이 초콜릿 한 봉지와 손님이 내미는 1,000엔짜리 한 장만 교환하면 거래 종결이다. 거기에 덧붙여, 자칫 초라해질 수 있는 재래시장 분위기를 푸근하고 활력 넘치게 만드는 분위기 메이커 역할까지 한다.

상황이 이렇다 보니 초콜릿을 1,000엔어치나 살 필요가 없는 소비자들까지 마법에 걸린 듯 지갑을 열고 만다.

안신야의 남다른 가격 정책

두 번째 예는, 도쿄에 있는 조그만 과일채소 가게 '안신야'이다. 안신야는 100여 평방미터(30여 평)에 불과한 매장 공간에 하루 2,000여 명의 손님이 드나들어 연간 4억 5,000만 엔, 우리 돈으로 70억 원 가까이 매출을 올린다고 한다.[14] 웬만한 중소기업 부럽지 않은 규모다.

'안신야'라는 말은 '손님이 믿고 저렴하게 상품을 구입할 수 있는 가게'라는 뜻이다. 그 이름처럼 손님들은 불과 5미터 거리의 도로 건너편에 일본 최대 할인점 '저스코JUSCO'를 두

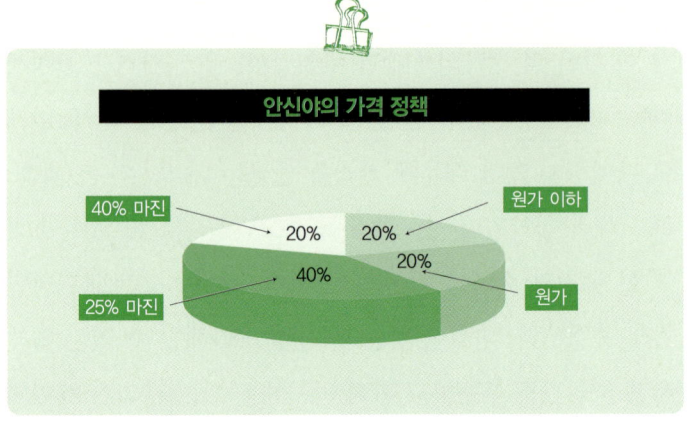

고도 안신야를 더 신뢰하고 찾는다.

안신야의 경영 비법을 몇 가지 살펴보자.

첫째, 남다른 가격 정책을 펼치고 있다. 상품의 20%는 원가 이하로, 20%는 원가로, 40%는 25%의 마진을, 나머지 20%는 40%의 마진을 붙여서 판매한다. 이는 일부 상품만을 원가 이하로 팔아서 전체 상품이 저렴하게 보이도록 하는 판매 전략이다. 마진율은 낮아졌지만 손님의 수가 2배로 늘었으니 매출과 이익은 상승했다.

대형업체일수록 본사가 일괄적으로 가격을 결정하고 관리하기 때문에 가격 조정이 유연하지 못하다. 반면, 안신야는 시시각각 최저가격을 유지하며 손님을 끌어모으고 있다.

둘째, 이른바 '떨이판매', 즉 타임서비스 판매를 물건이 가장 싱싱할 때 진행한다. 농수산물의 떨이판매는 상품의 가치가 떨어진 오후 늦은 시각에, 팔지도 버리지도 못하는 상황에서 마지막 대안으로 선택하는 게 일반적이다.

그런데 안신야는 이 떨이판매를 오전에 실시한다. 일본 도매 시장의 경매 시간은 보통 오전 7시, 경매 후 제품이 소매점에 도착하는 시간은 빨라도 오전 11시이다. 반면, 안신야는 직접 산지 상인과 중도매인들을 통해 상급 상품들을 경매 시간이 되기도 전에 가게로 가져와서 오전 9시부터 판매하기 시작한다. 오후 1~2시면 당일 들어온 상품 중 90%가 팔려 나간다. 따라서 할인된 가격으로 팔아도 상품 회전 속도가 빨라 이윤이 난다.

규모보다 기본에 충실한 실천이 중요

고정가격과 덤으로 가격 흥정 자체를 무의미하게 만들며 고객에게 '풍성함'을 주는 시무라 상점, 철저히 계산된 품목별 할인율과 조기 떨이판매로 고객에게 매 순간 '신선함'을 주는 안신야.

이들을 보면 굳이 최신 마케팅 전략이 아니더라도 길은 있다는 것을 확인할 수 있다. 규모에 매달리기보다 당연한 기본 전략과 그 실천이 어려웠던 이유를 찬찬히 탐구할 때 비로소 해법을 발견할 수 있을 것이다.

제1장 꿈은 꾸는 만큼 이루어진다

1 ⟨http://www.hoovers.com⟩.
2 ⟨http://www.ibm.com/smarterplanet⟩.
3 IBM 기업가치연구소 (2009. 10). "똑똑한 도시의 비전".
4 ⟨http://www.ibm.com/smarterplanet⟩.
5 Japan, Seeking Trim Waists, Measures Millions (2008. 6. 13). *The New York Times*.
6 ⟨http://www.ibm.com/smarterplanet⟩.
7 ⟨http://www.ibm.com/smarterplanet⟩.
8 ⟨http://www.iftf.org⟩.
9 Best Buy: How To Break Out Of Commodity Hell (2006. 3. 27). *Business Week*.
10 ⟨http://origin.lvmh.com⟩.
11 베르나르 아르노 (2001). 《나는 내 꿈에 뒤진 적이 없다》. 성귀수 역. 서울: 수수꽃다리.
12 베르나르 아르노 (2001). 《나는 내 꿈에 뒤진 적이 없다》. 성귀수 역. 서울: 수수꽃다리.
13 권민·김영수 (2005). 《네버랜드 브랜딩 전략》. 서울: 고즈윈.
14 롤프 옌센 (2005). 《드림 소사이어티》. 서정환 역. 서울: 리드리드출판.
15 "불황 모르는 도쿄 디즈니랜드와 닌텐도" (2009. 5. 12). 《중앙일보》.
16 가미사와 노보루 (2009) 《도쿄 디즈니랜드 스토리-세계 최고의 테마파크를 만든 25가지 감동 서비스의 비밀》. 최문용 역. 서울: 한스미디어.
17 코마쯔타 마사루 (2009). 《도쿄 디즈니랜드가 끝까지 숨기고 싶었던 고객만족 시크릿》. 김세환, 양용훈 공역. 한국생산성본부.
18 가미사와 노보루 (2009). 《도쿄 디즈니랜드 스토리-세계 최고의 테마파크

를 만든 25가지 감동 서비스의 비밀》. 최문용 역. 서울: 한스미디어.
19 オリエンタルランドニュースリリース (2010. 5. 6). 中期經營計畫「Build Up OLC 2013」.
20 CEMEX. *2008 Annual Report*.
21 필립 H. 머비스, 브래들리 K. 구긴스, 스티븐 A. 로크린 (2008). 《세계 최고 기업들의 기업시민활동》. 강주현 안젤라 역. 서울: FKI미디어.
22 From cement to services: Cemex's Lorenzo Zambrano revolutionized the low-tech cement business by investing in technology; now companies want to buy that expertise - Strategy - Interview (2002. 11). *The Chief Executive*.
23 "[경영 업그레이드] 레미콘과 야채의 공통점" (2009. 6. 24). 《한국경제》.
24 Infosys and Wharton School Announce the Wharton Infosys Business Transformation Awards 2004 for Latin America (2004. 6. 24). *Infosys Press Releases*.
25 양준호 (2008). 《교토 기업의 글로벌 경쟁력》. 삼성경제연구소.
26 양준호 (2008). 《교토 기업의 글로벌 경쟁력》. 삼성경제연구소.
27 "삼성, 왜 무라타를 주목하나" (2010. 4. 1). 《헤럴드경제》.
28 "村田製作所 派遣2000人追加削減 海外でも期間社員500人" (2009. 1. 30). 《日本經濟新聞朝刊》.
29 LI & FUNG LIMITED. *Interim Report 2009*. 〈http://www.lifung.com〉.
30 The World's Most Influential Companies (2008. 12. 11). *Business Week*.
31 빅터 펑, 윌리엄 펑, 요람 제리 윈드 (2009). 《평평한 세상에서의 경쟁 전략 (Competing in a Flat World)》. 박광태 역. 서울: 럭스미디어.
32 HK John Waynes on new battlefield (2003. 8. 20). *Financial Times*.
33 Organic Dairies Watch the Good Times Turn Bad (2009. 5. 28). *New York Times*.
34 Gary Hirshberg (2008). *Stirring It Up: How to Make Money and Save the World*. Hyperion.
35 From 7 Cows to Top Selling Organic Brand (2009. 4. 27). *Recyclebank*.
36 From 7 Cows to Top Selling Organic Brand (2009. 4. 27). *Recyclebank*.
37 "불황 모르는 美 유기농 열풍" (2009. 3. 23). 《매일경제》.

38 iSuppli (February 22, 2010). Vizio Takes Lead in U.S. LCD-TV Market in 2009; Samsung Holds Flat-Panel Top Spot.
39 〈http://www.vizio.com〉.
40 CNET (20 Aug 2007). The secret of Vizio's success.

제2장 완벽에의 고집이 명품을 만든다

1 Our Evolution 〈http://www.brand.swarovski.com〉.
2 "한국 보드카 폭탄주는 상상도 못한 레시피, 앱솔루트 보드카 에릭슨 사장 인터뷰"(2009. 3. 22).《한국경제신문》.
3 Miele, *Miele Businesss Report 2009/2010*. 〈http://www.miele.com〉.
4 Superbrands Germany 2007. 〈http://www.superbrands.com〉.
5 "밀레에서는 사람도 제품도 20년 넘어야 큰소리칩니다"(2010. 8. 30). 밀레 보도자료. 〈http://www.miele.co.kr〉.
6 "엉뚱한 아이디어도 일단 실험… 상상력 샘솟는 '가전왕국'"(2009. 10. 21).《한국경제》.
7 Matt Haig (2006). *Brand Royalty: How the World's Top 100 Brands Thrive & Survive*. Kogan Page Publishers.
8 Strong performance by Nestlé in 2008 (2009. 2. 19). 〈http://www.nestle.com〉.
9 ネスレ 不況に強い「底邊」攻略 (2009. 5. 18). *Nikkei Business*.
10 Strong performance by Nestlé in 2008 (2009. 2. 19). 〈http://www.nestle.com〉.
11 To Anthon van Rappard. The Hague, on or about Friday, 15 June 1883. 〈http://www.vangoghletters.org〉.
12 〈http://www.faber-castell.com〉 참조.
13 〈http://www.mpuni.co.jp〉.
14 野口智雄 (2009. 6. 29). "三菱鉛筆「技ありシャーペン」開發秘話".《プレジデント》, 47(14), pp. 104-106.

15 마이클 J. 실버스타인, 닐 피크스 (2005). 《소비의 새물결 트레이딩 업》. 보스턴컨설팅그룹 역, 서울: 세종서적.
16 ⟨http://www.americangirl.com⟩.
17 마이클 J. 실버스타인, 닐 피크스 (2005). 《소비의 새물결 트레이딩 업》. 보스턴컨설팅그룹 역, 서울: 세종서적.
18 American Girl Doll Hospital. ⟨http://store.americangirl.com⟩
19 Creative Crate & Barrel stacks up as retail winner (2002. 12. 27). *The Seattle Times*.
20 "予想を大幅に上回る好評により, 當初予定の２.５倍に上方修正！" (2009. 5. 14). ⟨http://www.kirin.co.jp⟩.
21 Family first in tough marketing times (2008. 2. 17). *Financial Times*.

제3장 위기는 같은 양의 기회다

1 Nvidia 사업보고서 ⟨http://www.nvidia.com⟩.
2 I'm Prepared for Adversity. I Waited Tables. (2010. 6. 15). *New York Times*.
3 프레더릭 모턴 (2008). 《250년 금융재벌 로스차일드 가문》. 이은종 역. 서울: 주영사.
4 프레더릭 모턴 (2008). 《250년 금융재벌 로스차일드 가문》. 이은종 역. 서울: 주영사.
5 손동원 (2007). 《기업 생로병사의 비밀》. 서울: 삼성경제연구소.
6 Snarling All the Way to the Bank (2007. 8. 23). *The Economist*.
7 Ryanair. Vision 2010. ⟨http://www.airliners.net⟩.
8 How Ryanair Keeps the Cost Down (2001. 5. 14). *Business Week*.
9 BMW Group, *2009 Annual Report*.
10 BMW Raises Sales, Earnings Outlook as Markets Recover (2010. 7. 13). *Business Week*.
11 BMW, Citing Strong Euro, to Cut 8,100 Jobs (2008. 2. 28). *The New*

York Times.

12 일본 내각부 홈페이지. 연율 환산으로 일본의 GDP는 2008년 4/4분기 12.7%, 2009년 1/4분기 15.2% 감소.
13 "逆風決算の斷面：減益・赤字企業相次ぐ中, 2ケタ增で最高益54社(景氣がわかる)"(2009. 2. 13). 《日本經濟新聞》.
14 "特集 解明！ 安さプラスαで「賣れる店」"(2010. 2. 6). 《週刊ダイヤモンド》.
15 "特集 解明！ 安さプラスαで「賣れる店」"(2010. 2. 6). 《週刊ダイヤモンド》.
16 ABC마트 제25기(2009. 3. 1~2010. 2. 28) 유가증권보고서.
17 ABC마트 코리아 홈페이지 〈http://www.abcmart.co.kr〉 참조.
18 와타미 팩트북 2010.
19 "日鋼室蘭, 風力發電6割增産へ, 主翼生産, 中國委託を擴大, 外注でコストも削減"(2009. 12. 9). 《日本經濟新聞》 地方經濟面 北海道.

제4장 그들에겐 특별한 무엇이 있다

1 〈http://www.worldwideboxoffice.com〉.
2 Sysco's Hands-On Way of Keeping Restaurants Going (2009. 5. 7). *Business Week*.
3 Feature Story: David Rockwell (2009. 9. 17). *Fast Company*.
4 William C. Taylor & Polly Labarre (2007). *Mavericks at Work Why the Most Original Minds in Business Win*. HarperCollin.
5 Luxury goes mass market (2007. 9. 6). *Fortune*.
6 Adrian Slywotzky. The Upside of Strategic Risk. *Oliver Wyman Journal*.
7 The Best Performers (2007. 3. 26). *Business Week*.
8 마크 턴게이트 (2009). 《스타일 중독자들》. 노지양 역. 애플트리태일즈.
9 #1 Selling Chardonnay nationwide for 20 years running. - IRI Total Dollar Sales, 2010. 〈http://www.kj.com/wines/vintners-reserve/chardonnay.aspx〉.
10 H&M 홈페이지 〈http://www.hm.com〉 참조.

11 "世界最強の衣料チェーン 北歐發「H&M」の實力"(2008. 6. 3).《週刊エコノミスト》.
12 H&M 홈페이지 〈http://www.hm.com〉 참조.
13 H&M (2005. 11. 5). Stella McCartney in Design Collaboration with H&M. 〈http://www.hm.com〉.
14 "經營者のための「東京の歩き方」－普通のガイドブックには載ってない!" (2008. 4).《日經ベンチヤー》.